Ensinar e aprender Sociologia no ensino médio

Conselho Acadêmico
Ataliba Teixeira de Castilho
Carlos Eduardo Lins da Silva
Carlos Fico
Jaime Cordeiro
José Luiz Fiorin
Magda Soares
Tania Regina de Luca

Proibida a reprodução total ou parcial em qualquer mídia
sem a autorização escrita da editora.
Os infratores estão sujeitos às penas da lei.

A Editora não é responsável pelo conteúdo deste livro.
As Autoras conhecem os fatos narrados, pelos quais são responsáveis,
assim como se responsabilizam pelos juízos emitidos.

Consulte nosso catálogo completo e últimos lançamentos em **www.editoracontexto.com.br**.

Ensinar e aprender Sociologia no ensino médio

Maria Aparecida Bridi
Silvia Maria de Araújo
Benilde Lenzi Motim

Copyright © 2022 do Autor

Todos os direitos desta edição reservados à
Editora Contexto (Editora Pinsky Ltda.)

Foto de capa
Jaime Pinsky

Montagem de capa e diagramação
Gustavo S. Vilas Boas

Preparação de textos
Lilian Aquino

Revisão
Dayane Pal

Dados Internacionais de Catalogação na Publicação (CIP)
(Câmara Brasileira do Livro, SP, Brasil)

Bridi, Maria Aparecida.
　　Ensinar e aprender Sociologia no ensino médio /
Maria Aparecida Bridi, Silvia Maria de Araújo, Benilde Lenzi
Motim. – 1. ed., 3ª reimpressão – São Paulo : Contexto, 2022.

Bibliografia
ISBN 978-85-7244-447-7

1. Sociologia I. Bridi, Maria Aparecida.
II. Araújo, Silvia Maria de. III. Título.

09-07058　　　　　　　　　　　　　　CDD-301

Índice para catálogo sistemático:
1. Sociologia 301

2022

Editora Contexto
Diretor editorial: *Jaime Pinsky*

Rua Dr. José Elias, 520 – Alto da Lapa
05083-030 – São Paulo – SP
PABX: (11) 3832 5838
contato@editoracontexto.com.br
www.editoracontexto.com.br

Sumário

Apresentação 9

PARTE I
CIÊNCIA NA ARTE DE ENSINAR SOCIOLOGIA

Concepção de ciência e os desafios
para o ensino da Sociologia...17
A Sociologia como ciência 33
A Sociologia no ensino médio 49

PARTE II
CONSTRUÇÃO DO CONHECIMENTO EM SOCIOLOGIA NO ENSINO MÉDIO

A relação entre desenvolvimento e aprendizagem 57
Aprendizagem significativa e construção
do conhecimento em Sociologia 63
    A seleção dos conteúdos 75
    As tarefas do professor e o processo
    de construção do conhecimento 81

PARTE III
TEMPO DE MUDANÇAS E MUDANÇAS NA ESCOLA: A DIALÉTICA POR METODOLOGIA

O papel da escola e da Sociologia em tempo de incertezas 87
    A indisciplina na sala de aula: uma interpretação 100
Por uma metodologia do ensino-aprendizagem
aberta, flexível e dialética 107

PARTE IV
COMO TRABALHAR A SOCIOLOGIA NO ENSINO MÉDIO

Estratégias metodológicas e avaliativas 127
    Conhecer e desenvolver habilidades cognitivas 127
    Avaliação diagnóstica, contínua e cumulativa 133
    Ler e estudar Sociologia 136

A leitura em Sociologia: algumas orientações 140
Exposição e sistematização de conteúdos significativos 143
Os esquemas ou roteiros de aula 146
A participação cotidiana do aluno 150
Debate cotidiano, painel de debate e júri simulado 152
    Debatendo em sala de aula 152
    Júri simulado 155
    Seminários 157
A produção escrita 159
    Escrevendo textos em Sociologia 161
    As provas 163
Trabalhos, pesquisa extraclasse e projeto de pesquisa 168
Utilização de recursos audiovisuais 179
Em defesa de uma Sociologia crítica no ensino médio 185

Bibliografia 189
Glossário 193
As autoras 203

Apresentação

A introdução da Sociologia no ensino médio é de fundamental importância para a formação da juventude, que vive momento histórico de intensas transformações sociais, crescente incerteza quanto ao futuro e à ciência produzida no século que passou. O cenário de fragmentação social, precarização do trabalho, mudanças nas relações sociais e em instituições como a família, a educação, os partidos políticos, reflete-se diretamente na escola.

A escola – instituição social responsável pelo conhecimento produzido e transmitido que possibilita a equalização e a mobilidade sociais – vive hoje a contradição de se saber extremamente necessária e, ao mesmo tempo, ser forçada a reconhecer que a escolarização já não garante inserção profissional no mercado de trabalho como ocorria no passado recente. Isso tem levado muitos jovens, dentro e fora da escola, a se perguntarem "estudar para quê?" São novas questões que se colocam para a escola e precisam ser enfrentadas, considerando-se a crise de atribuições que paira sobre a mesma, a exigir constante ressignificação de seus conteúdos e papel social, diante da realidade mais complexa e incerta. Na própria escola, visualizam-se algumas marcas desse tempo, entre as quais estão as tensões entre a vida privada e a convivência pública.

Olhar para a escola historicamente permite afirmar que a educação sempre esteve ligada à situação política, econômica, social e cultural de cada momento. Fortalece-se hoje o discurso da necessidade de a escola tornar-se atraente para o jovem, de modo que possa "curtir a escola", como se fosse somente um ambiente de lazer ou de encontro, e não um espaço de trabalho, a exigir dedicação, esforço e investimento pessoal.

A escola também está tomada pela insegurança das transformações em curso, sobretudo no mundo do trabalho, pois não se pode negar a sua relação com a formação profissional ao longo do século xx. As alterações no trabalho e no mercado de trabalho refletem-se, ainda que subjetivamente, nos atores sociais envolvidos no processo educativo. Como a escolarização não pode garantir a inserção no mercado de trabalho em razão do crescente desemprego e outras mudanças, a escola vê-se compelida a buscar novas saídas, para se tornar significativa na vida dos jovens. Sem essa legitimação, não cumpre o seu papel de alargar o espaço público e atuar como formadora do cidadão e, em decorrência, a indisciplina torna-se um dos problemas que afetam a comunidade educativa.

A Sociologia, recentemente instituída como *disciplina* obrigatória no ensino médio, tem o papel de refletir junto aos alunos sobre a realidade social múltipla e complexa,[1] orientando-se pela perspectiva de que a escola não é apenas um produto à mercê das forças do mercado e das mazelas sociais, mas se constitui sujeito histórico. A Sociologia pode contribuir para o desenvolvimento da consciência social, ensinando a questionar e a transformar a realidade. Com reflexões sobre as relações sociais em suas múltiplas dimensões, a Sociologia oferece a crítica social própria de uma formação humanística, ajudando os estudantes a construírem as suas estruturas intelectuais. E como promotora do desenvolvimento da inteligência social, a escola leva o aluno a "aprender a aprender" e "aprender a pensar" sobre a realidade em mutação.

Os Parâmetros Curriculares Nacionais (PCN) para o ensino médio (Brasil, 2004) apontam para um ensino que contemple o conjunto das ciências sociais. Dessa forma, a seleção dos conteúdos, temas, conceitos e teorias sociológicas passa pela compreensão das ciências sociológicas, políticas e antropológicas, o que requer romper com a compartimentalização das ciências sociais, pois os fenômenos sociais abrangem múltiplas instâncias – políticas, culturais, ideológicas, econômicas – a serem contempladas de modo interrelacionado e interdependente.[2] Privilegiar apenas uma dimensão é reduzir e simplificar o conjunto das construções humanas, entre as quais estão a cultura, o Estado, os grupos sociais, as representações mentais do Direito, do pensamento filosófico, do pensamento religioso, da língua, das ciências, das artes, das estruturas socioeconômicas, constituidoras da realidade social e do próprio homem.

O ensino da Sociologia, como parte do currículo obrigatório nas escolas públicas e privadas do Brasil, rompe com o viés tecnocrático imposto à escolarização, a partir de reformas educacionais anteriores. A Lei de Reforma do Ensino n. 5.692, de 1971, vislumbrava um perfil educacional caracterizado pelo tecnicismo, com o abandono das disciplinas consideradas cultura "inútil", basicamente a Sociologia e a Filosofia, justamente as que propiciam uma formação cidadã.

Por meio de conteúdos fundamentados em *pesquisas empíricas*, conceitos e *teorias explicativas*, a Sociologia marca presença nas escolas e cumpre a finalidade de construir um conhecimento sociológico crítico, não somente para compreender os desafios que se apresentam às novas gerações, mas para possibilitar uma sociedade includente, justa, solidária e garantir também a própria existência da humanidade e do planeta. Para isso, os capítulos deste livro recomendam a organização dos conteúdos a serem ministrados em consonância com as competências e habilidades de pensamento que se quer desenvolver nos alunos. Espera-se que, no ensino médio, o aluno tenha condições de compreender e analisar os fenômenos sociais, apreender a relação homem-natureza, as relações indivíduo e sociedade e suas instituições, assim como a estrutura social, a produção e reprodução das desigualdades, as dinâmicas do Estado, da cultura e da ideologia, num *processo de desnaturalização* desses fenômenos.

Na construção dos conteúdos de Sociologia no ensino médio revela-se imprescindível o trabalho do professor, no sentido de garantir ao aluno conceitos básicos e centrais que possibilitem tanto a aquisição quanto a interpretação do conhecimento sociológico, sob a *perspectiva dialética*. Do ponto de vista metodológico, propomos que o aluno analise as *contradições* da sociedade capitalista, de modo a perceber as transformações e as rupturas, as permanências e as continuidades. Ao estabelecer relações entre processos históricos, situações e acontecimentos, as teorias e conceitos dimensionados, o estudante fará a leitura da interdependência entre as esferas política, econômica, cultural e ideológica.

Para levar o aluno – sujeito no processo de aprender, capaz de agir, prática e intelectualmente, para chegar ao saber – à aquisição de um conhecimento sistematizado, o ensino de Sociologia deverá ser teórico-prático, isto é, o ponto de partida são os conhecimentos acumulados e articulados com a realidade, mediata e imediata, na qual ele está inserido. Essa perspectiva é fundamental para a produção de um conhecimento significativo e não acabado em si mesmo.

Notas

[1] A Lei n. 9.394/96 dispõe no art. 36 que o currículo do ensino médio observará as seguintes diretrizes: "§ 1º Os conteúdos, as metodologias e as formas de avaliação serão organizados de tal forma que ao final do Ensino Médio o educando demonstre [...] III - domínio dos conhecimentos de Filosofia e de Sociologia necessários ao exercício da cidadania." Em 2006, foi votado e aprovado o Parecer CNE/CEB n. 38/2006 que trata da inclusão obrigatória das disciplinas de Filosofia e Sociologia no currículo do Ensino Médio. No ano de 2008, foi sancionada pelo Governo Federal, a Lei n. 11.684 que institui o Ensino da Sociologia e da Filosofia no ensino médio.

[2] Wallerstein (1999) destaca que as ciências sociais são constituídas por agrupamentos, intelectualmente coerentes, de objetos de estudo distintos uns dos outros. As disciplinas que as constituem são a Antropologia, a Economia, a Ciência Política e a Sociologia, com possibilidade de inclusão da Geografia e da História. As disciplinas datam do século XIX e sua consolidação em categorias conceituais são do século XX. As divisões e subdivisões correspondem à compartimentalização da ciência, cuja origem está na ideologia liberal do século XIX, que afirmava serem domínios analiticamente separáveis e autônomos, o Estado, o mercado, a política e a economia.

PARTE I
CIÊNCIA NA ARTE DE ENSINAR SOCIOLOGIA

As ciências humanas não contam com os meios materiais de pesquisa das ciências de laboratório. Nelas, a capacidade de abstração tem que substituir estes meios, no sentido de capacidade analítica de lidar com materiais empíricos, na reconstrução de situações histórico-sociais e em sua interpretação.

Florestan Fernandes,
Fundamentos empíricos da explicação sociológica, 1972.

Concepção de ciência e os desafios para o ensino da Sociologia

É sabido como é cansativo elaborar cientificamente os acontecimentos contemporâneos, enquanto a análise dos acontecimentos passados é relativamente mais fácil porque a própria realidade já se incumbiu de fazer uma certa eliminação e crítica.

Karel Kosik, *A dialética do concreto*, 1976.

Vivemos uma era de incertezas! O tempo é de transição em todas as dimensões da vida humana e uma das marcas é a velocidade com que as mudanças ocorrem. Tais mudanças apresentam como pano de fundo o fenômeno da *globalização,* resultante da conjugação de fatores econômicos, políticos, sociais, tecnológicos e culturais e atinge em extensão a sociedade moderna organizada. Uma de suas consequências consiste na difusão dos riscos provocados pelo próprio homem.

A vida em sociedade está ameaçada na medida em que suportes de alguma coesão social, como a regulação do trabalho e a previdência social, são corroídos por um modelo econômico, pautado na supremacia do mercado financeiro sobre o produtivo, na flexibilização e na desregulamentação das relações de trabalho. Além dos riscos ligados ao trabalho e à dimensão econômica, os riscos ambientais e à saúde vêm colocando a humanidade numa situação de insegurança quanto à sua existência futura. A característica comum a todos esses riscos é que são riscos produzidos pela ação humana.

Autores como Edgar Morin,[1] Boaventura de Sousa Santos,[2] Basarab Nicolescu[3] consideram os grandes problemas pelos quais passa a humanidade como decorrência da separação efetivada entre as ciências naturais e as chamadas ciências humanas. Tal desligamento implicou a exclusão pelas ciências naturais da cultura que as produziu, afastando o estatuto social e histórico dessas ciências. Do ponto de vista das ciências do homem, tornamo-nos incapazes de nos pensar como seres humanos dotados de espírito e de consciência, enquanto biologicamente constituídos.

As promessas de emancipação do homem na modernidade, possibilitadas pelo progresso, pouco se efetivaram e ameaçam o futuro. Ao refletir sobre o contexto atual, Sousa Santos (1998, p. 6) adverte: "uma reflexão cada vez mais aprofundada sobre os limites do rigor científico, combinada com os perigos cada vez mais verossímeis da catástrofe ecológica ou da guerra nuclear, faz-nos temer o século XXI". A análise da realidade presente remete-nos às transformações rápidas e drásticas que ocorrem em todos os níveis de vida no planeta, como consequência também do tipo de conhecimento desenvolvido no mundo ocidental. Nesse sentido, somos alertados para o fato de essa conscientização não ser um processo imediato, além de que a presença de saberes sobre o homem em sua multifacetada realidade colocou em desconforto a ciência moderna do século XIX. Concebida como um sistema independente, possível de se construir fora do homem, a ciência ocidental apresentava-se como um conhecimento engrandecido, capaz de dar respostas aos problemas da existência humana (Araújo e Cunha, 2001, p. 11).

O caráter de uma realidade múltipla, incerta e de difícil interpretação, dada sua *complexidade*, bem como as novas descobertas no ramo das ciências naturais, levam-nos a questionamentos sobre a ciência. O conhecimento baseado na *ciência tradicional* foi reduzido a algo manipulável e quantificável, caracterizando uma ciência elitista, etnocêntrica e absolutista, um modelo fechado, sem brechas. A literatura atual assinala a crise dos fundamentos desse conhecimento, em que as indagações e criatividade humanas foram eliminadas e consideradas não científicas. Além disso, a clássica ciência da natureza influenciou as ciências humanas ao diluir o sujeito, como ocorreu com áreas próximas à Sociologia.

> A ciência econômica não tem necessidade da noção de homem. Sem dúvida, ela teve necessidade durante um tempo de um homem abstrato, que foi chamado de '*homo economicus*', mas pode até mesmo dispensá-lo de agora em diante. A demografia não tem necessidade da noção de homem. A história, se é uma história feita de processos e que elimina o papel aleatório dos indivíduos, dos reis, dos príncipes, pode finalmente epifenomenalizar a noção de homem. Então, evidentemente podemos chegar às ciências em que a vida, o homem, a sociedade não existem (Morin e Moigne, 2000, p. 29).

Essa perspectiva teórica prejudicou o próprio conhecimento e a vida cotidiana. Ao fundamentar-se no paradigma da disjunção/redução de partes inseparáveis, cindiu e dicotomizou o pensamento e a vida, o homem e a natureza. Isolou os fenômenos do seu ambiente e separou o sujeito cognoscente do objeto de conhecimento, processo esse que gera consequências. Dessa forma de conhecimento decorre o fato de as pessoas não conseguirem avaliar a verdadeira repercussão do que dizem e do que fazem, multiplicando as situações de não responsabilização dos sujeitos pelas suas ações, no âmbito privado e/ou público, como analisou Mariotti (2000).

A trajetória da ciência, a partir do século XVI, e que tomou corpo na formação do pensamento moderno, denota as ambiguidades do *racionalismo* típico desse período. Como consequência, vive-se a crise da *modernidade*, caracterizada pela desumanização e autodestruição da razão, na realidade contemporânea. Essa crise, tomada aqui como transição, fenômenos em trânsito, juntamente com as novas descobertas no âmbito das ciências biológicas e físico-químicas, tem revelado a precariedade da estrutura do pensamento. Nesse sentido, a *epistemologia* anglo-saxônica, dos anos 1950-1960, enfatizou que nenhuma teoria científica pode pretender-se absolutamente certa. Karl Popper[4] (1975), por exemplo, transformou o próprio conceito de ciência, na medida em que essa deixou de ser sinônimo de certeza. A partir daí, alguns teóricos sociais entregaram-se a uma dúvida generalizada e outros procuraram salvaguardar um núcleo de objetividade e racionalidade no interior da ciência. Uns são relativistas, outros pecam pelo excesso de objetivismo.

Na tentativa de ultrapassar a visão de ciência como sinônimo de verdade absoluta, emerge uma ciência vista como representação que evolui e está submetida à história, tal qual todas as *representações sociais*. Esse é o lado humano da ciência, afirma Omnés (1996), enquanto, para Pedro Demo (1997), a ciência é somente um modo possível de ver a realidade, nunca único e final.

De fato, não somente a análise da realidade e dos resultados oriundos de um conhecimento fundado na ciência clássica, mas uma gama de novas descobertas têm derrubado proposições antes consideradas incontestáveis. A teoria da relatividade de Einstein,[5] no início do século XX, ao provar ser o tempo relativo e a mecânica quântica poder dispensar o rigor da medição, demonstra que a ciência, enquanto um modelo de verdades tidas como imutáveis e fechadas, encontra-se em crise. Nesse sentido, ela é apenas um enfoque, uma interpretação da realidade, a mais rigorosa por seguir métodos de investigação sistemática.

Da crítica à ciência tradicional emerge a ideia da ciência como construção e não um feixe de leis que tudo explica e propõe verdades perenes. Morin (1991a) chama a atenção para a necessidade de não aceitar o conhecimento científico como o real e compartilha a concepção de ciência como construção humana. A ciência seria, então, a atividade de busca e investigação de uma verdade histórica sempre provisória, não existindo de forma universal e imutável.

A ideia de demarcar o científico do não científico é errônea, pois aquilo que é considerado não científico faz parte do próprio jogo de construção da cientificidade. Nesse sentido, Sousa Santos (1998) identifica a íntima relação entre conhecimento científico e *senso comum*, esse último reabilitado pela ciência moderna como uma forma de conhecimento que enriquece a relação do homem com o mundo.

Prognostica-se que a ciência precisa deixar de ser uma ilha e fazer comunicação com outras formas de saber, eliminando as fronteiras entre arte e ciência, filosofia e ciência, homem e natureza, sujeito e objeto, teoria e pesquisa, professor e pesquisador. A ciência é um processo recursivo autoecoprodutor, ou seja, ela se constrói, desfaz-se e se refaz, reconstruindo-se, afirma Morin (1999). A ciência é, ao mesmo tempo, produto e produtora do homem, por isso, pensar sobre o conhecimento, fazer a ciência da ciência e exercer *reflexividade* intensa, debruçando-se sobre ela, é fundamental para a manutenção da vida.

A separação/redução dos fenômenos e sua interpretação – um dos pilares da ciência clássica – enclausura o saber e provoca efeitos negativos para a ciência e a humanidade. Ao esquecer as necessidades e os desejos humanos, a ciência tradicional possibilitou a apreensão da realidade de maneira unidimensional e descomprometida com a vida. O conhecimento tornou-se fragmentado, na medida em que realidades complexas, como a econômica, a política, a psicológica e a demográfica, foram percebidas de forma separada. Os princípios e leis que demarcaram a ciência da não ciência e o que não poderia ser explicado por leis universais deixavam de ser considerados científicos.

Os cientistas tradicionais, visando à racionalidade, à objetividade e à consistência do conhecimento científico, criaram um modelo fechado, absoluto, isolando as partes com a pretensão de melhor conceber o todo. Esse conhecimento desprezou a desordem, o imprevisível e o aleatório, tomando-os como fruto da ignorância humana, uma vez que o universo e a natureza obedeceriam a leis predeterminadas.

A imaginação, a criatividade e o erro foram banidos da *ciência clássica*, dando corpo a uma forma linear de pensar. Em decorrência, o pensamento foi aprisionado, as indagações limitadas e as perguntas simples, que possibilitam as descobertas científicas, foram abandonadas. Tais perguntas – que consistiram na base das grandes descobertas –, ao serem consideradas não científicas, limitaram-se a fenômenos que pudessem ser testados, quantificados, objetivados. Daí, ocorrer a distinção entre ciências naturais e sociais, levando a supor que as ciências naturais não emanam da ação humana, nem têm, também, caráter subjetivo. Pelo fato de a ciência clássica ter banido o erro, Morin alerta para a necessidade de a ciência desenvolver uma sensibilidade para a problemática do imprevisto, pois ela é um conhecimento em nível de verdade e erro (Morin, 1991a; 1999).

Outro pilar da ciência clássica consiste na busca da objetividade, na qual só é válido o conhecimento fundado em dados objetivos. Para Gramsci[6] (1987), trata-se de um equívoco, já que a objetividade é uma concepção de mundo, uma filosofia elaborada pelo próprio homem. Por meio das atividades humanas criam-se todos os *valores sociais*, inclusive os científicos e, nessa ótica, o ser não pode estar separado do pensar; o homem não é distinto da natureza; a atividade não recusa a matéria; o sujeito faz parte do objeto; o material contém o imaterial; o produtivo não se distancia do improdutivo, entre outras dicotomias. Fazer tais separações pode resultar em abstrações sem sentido.

Além disso, os dados são objetivos, mas as teorias não o são. As teorias são objetivas e subjetivas, ao mesmo tempo. Cientistas tradicionais apegam-se a dados objetivos e não os tratam como construções – sistemas de ideias que se encontram aplicados ao mundo real para detectar as estruturas invisíveis –, uma vez que a ciência se interessa pelo que está oculto. A objetividade não pode ser concebida como ponto de partida absoluto, ela se impõe por um dinamismo específico autoproduzindo-se e reconstruindo-se incessantemente, observa Morin (1981), por existir um elo indestrutível entre intersubjetividade e objetividade.

Os dados, as fontes, os objetos não falam por si; é o professor, o pesquisador, o sujeito do conhecimento que os interrogam "o que", "o como" e "o porquê" ensinar/pesquisar e selecionam certos conteúdos em detrimento de outros. As concepções do mundo, de sociedade, de ciência norteiam tais escolhas e a consciência sobre essas dimensões pode contribuir para a autorresponsabilização, pelos saberes e resultados desses saberes. A necessidade de reflexividade sobre o conhecimento desenvolvido pela humanidade, de superar as hierarquias entre as disciplinas, de inter-relacionar o sujeito e o objeto, traduz-se na necessidade de tomar consciência das determinações e dos condicionamentos do meio social.

Os desdobramentos políticos, econômicos e sociais resultantes da produção científica e tecnológica, sobretudo do século XX, e as novas descobertas nos campos da física, da química e da biologia, ao colocarem a *ciência clássica* e o paradigma dominante em crise, também interferem nas ciências sociais. Evidenciamos as perplexidades, inclusive científicas, que desarticulam a concepção e a percepção dos acontecimentos, sempre que indagamos sobre a veracidade da existência deles e estão presentes nos "paradoxos da abundância e da exclusão sociais, da concentração e da dispersão de riqueza, da proliferação das carências do ser humano e da sociedade. Polaridades coexistem e rompem os limites humanos e sua capacidade de suportar situações tão díspares", analisam Araújo e Cunha (2001, p. 14).

As ciências sociais, embora se reconheçam como historicamente marcadas pelo dissenso, incompletude e limitações de suas teorias, também se depararam com uma crise e um movimento de desconstrução de suas teorias, na segunda metade do século XX. Diversas vertentes, incluindo as pós-modernas, adotaram uma linha crítica de desmonte das grandes *metanarrativas,* que serviram para explicar a história e as relações sociais até então, mostrando-as como incapazes de explicar a realidade contemporânea. As continuidades e permanências, em meio às transformações inexoráveis, coexistindo num mesmo tempo e espaço, no entanto, não nos autorizam a promover substituições de um suporte teórico por outro, ou mesmo decretar a morte de uma teoria clássica.

O caminho parece ser aquele que permite a ultrapassagem das fronteiras entre as disciplinas, a promoção de aproximações sucessivas entre os sistemas teóricos, buscando uma metodologia aberta, flexível e *dialética*. Nesse sentido, já observamos a configuração de corpos (*mainstreams*) de conhecimentos de caráter probabilístico, aproximativo e provisório, que se firmam hodiernamente nas ciências sociais. Não é suficiente, contudo, transferir conceitos e categorias elaborados sobre a sociedade nacional para a global ou vice-versa. Quando se trata de movimentos, relações, processos e estruturas, característicos da sociedade abrangente, analisa Ianni,[7]

> não bastam utilizar ou adaptar o que se sabe sobre a sociedade nacional. As noções de sociedade, estado, nação, partido, sindicato, movimento social, identidade, território, região, tradição, história, cultura, soberania, hegemonia, urbanização, industrialização, arcaico, moderno e outras não se transferem nem se adaptam facilmente (2001, p. 43).

A dinâmica dos processos e estruturas de dominação e apropriação, integração e antagonismo – característicos da sociedade global – "exigem também novos conceitos, categorias e interpretações".

Não se trata de eliminar o dissenso empírico e ideológico nas ciências sociais, como apregoam os positivistas. O dissenso é salutar e inerente a essas ciências, por razões cognitivas e valorativas, defende Alexander (1987), em razão de permitir aos cientistas sociais operacionalizarem as proposições de diferentes modos. O dissenso, aliás, não nos impede de acumular conhecimento a partir de teorias conflitantes e em competição. Essa é uma condição para a Sociologia revigorar-se.

A realidade contemporânea – complexa e múltipla – exige a promoção de uma reforma do pensamento e da apreensão do conhecimento sobre as coisas, capaz de habilitá-los a lidar com diferenças e complementações. Em face dos desafios e horizontes trazidos pelas configurações e movimentos da sociedade mundial, Ianni (2001, p. 65) completa o raciocínio: "as ciências sociais são levadas a recuperar e a desenvolver o sentido da história, diacronia, rutura, retrocesso, desenvolvimento, decadência, transformação, transfiguração". Ao lado do que parece ser estruturado, organizado, cibernético ou sistêmico, "encontra-se a tensão, a fragmentação, a luta, a conquista, a dominação e a submissão, tanto quanto a raça e o povo, a mulher e o homem, o escravo e o senhor, a acumulação e o pauperismo, a alienação e a danação".

O conhecimento pós-moderno é tipicamente desconstrutivo, e essa desconstrução é também uma metanarrativa envolvida em metanarrativas, à medida que utiliza o mesmo dispositivo lógico da argumentação formal. O ato de conhecer ocorre a partir do conhecido, "porque não sabemos interpretar sem pontos de partida já interpretados", como afirma Pedro Demo (1997, p. 22), mas esse ponto é apenas partida e não a sua explicação. O caminho não é a desconstituição das teorias sociais existentes, mas fazê-las se comunicar, tomando-as como uma referência para chegar à realidade dos fatos.

O fato de vivermos uma era de transição e uma realidade mais complexa do que as atuais categorias de análise podem explicar propicia-nos a reflexão sobre a ciência e a necessidade de se buscar uma metaciência que rompa antigas dicotomias postas nas ciências físicas e ciências humanas, sujeito e objeto, objetividade e subjetividade, senso comum e conhecimento científico. Urge construir a transdisciplinaridade entre as ciências como um modo, não o único, para controlar o agir sobre o próprio saber.

As transformações nas condições de vida da população são frutos do conhecimento acumulado por uma ciência que se distanciou da vida, segmentou o homem em várias partes, tantas quantas são as especialidades científicas e, ao separar homem/natureza, sociedade/ambiente, produziu riscos ao próprio homem. É preciso fazer o caminho da junção, da aproximação, da escuta de outros campos de saber, da compreensão dos pontos de convergência, recolocando o homem no centro das relações sociais, unido à natureza, ao invés da primazia do mercado. O diálogo restabelecido entre as disciplinas poderá evitar a catástrofe ecológica anunciada por cientistas, ecologistas e políticos.

Na proposta de Nicolescu (1999), a transdisciplinaridade é vista como o que está entre as diferentes disciplinas, através delas e além de qualquer disciplina; e objetiva a compreensão do mundo presente, para o qual um dos imperativos é a unidade do conhecimento. Essa unidade implica reconhecer que o homem é, ao mesmo tempo, biológico, cultural, social e vive em um universo de linguagens, ideias e de consciência, e não pode ser visto isoladamente deste mundo biossimbólico, para evitar uma incompletude mutilante do ser e do saber.

> Hoje, as posições teóricas que negligenciam a interação, os elementos de ligação entre os sistemas sociais e as relações entre as partes e o todo revelam-se insustentáveis.

O fato de nenhuma teoria científica poder pretender a certeza absoluta não significa a relativização completa, pelo contrário. A objetividade do conhecimento para ser reconhecida pressupõe concordância dos dados estabelecidos por observadores diferentes, certo consenso quanto aos instrumentos e técnicas de observação que revelam o estado tecnológico de uma cultura, de uma sociedade, além da comunicação intersubjetiva entre experimentadores. É preciso que uma *comunidade científica* ampare a produção do conhecimento e esteja de acordo com as regras do jogo; que se aceite, ou não, este ou aquele tipo de verificação ou observação e haja consenso sobre as aspirações do saber, a verdade, os valores, as crenças. A rivalidade, o conflito, as oposições entre ideias e teorias não são suprimidas, e fazê-las aflorar é parte da lógica de um pensamento aberto e de uma *Sociologia crítica*.

Qual o nexo dessa discussão de ciência para a Sociologia como disciplina no ensino médio brasileiro? Esta é a proposta do presente livro: explicitar uma concepção crítica de ciência para quem ensina. A reflexão permanente sobre os conteúdos ensinados favorece uma forma de trabalhá-los sem dogmatismos, ao mesmo tempo que desvenda a articulação entre as diferentes esferas da vida humana.

A compreensão da realidade construída pelos homens, objeto da Sociologia, só se manifesta através de teorias – sistemas de pensamentos articulados que interrogam a realidade e a fazem falar. No entanto, a complexidade dessa realidade múltipla, diversa e em transição exige um pensamento aberto e flexível, uma vez que os modelos fechados e absolutos não dão conta de explicá-la. É preciso saber interpretar tal realidade, pois as significações dos fatos dependem dessa interpretação. Isso se relaciona diretamente com os saberes escolares produzidos e reconstruídos.

> Os saberes pedem contextualização constante, redimensionamento dos conceitos e do próprio presente.

A situação de crise, no que se refere à Sociologia e às suas teorias, não recomenda tudo relativizar. A relativização dos conhecimentos de modo desconstrutivo pode ser problemática na fase em que os adolescentes se encontram, ou seja, elaborando sua autopercepção e a percepção de conhecimento, de ciência e da realidade social. A escola e seus professores empenham-se para que a aprendizagem aconteça e não há dúvida de que a consistência e a coerência entre a informação e o modo como as informações foram organizadas contribuem sobremaneira para a aprendizagem. Lembramos que a escola exerce o papel de contradiscurso, ao mesmo tempo que possibilita ao aluno desenvolver um pensar crítico no sentido de identificar como e porque um discurso é mais científico que outro. Por exemplo, quando os alunos são incentivados a identificar a *ideologia* de um programa de televisão ou de um filme, colocam em xeque aqueles conhecimentos construídos por critérios de cientificidade e outras formas de conhecimento. Nesse confronto de saberes, ocorre o aprendizado.

Entre os desafios que se colocam para a Sociologia está o de levar os alunos a compreenderem as várias dimensões da realidade – política, econômica, cultural, ideológica, científica, religiosa –, bem como diferentes visões interpretativas, de maneira articulada e simultânea, sem a pretensão de exauri-las. A perspectiva é da busca de verdades não absolutas e nem dogmáticas, mas como construções provisórias e relativas no tempo e espaço. Por isso, é importante recolocar e atentar para os vários discursos, pois esses possibilitam a multivalência das ideias, das teorias, das visões.

A preocupação com as transformações do mundo atual, ao se constituir em ponto de partida das análises da realidade, objetiva tornar o conhecimento significativo para o aluno. Nesse sentido, Ianni (1990) chamou a atenção para o fato de vários teóricos sociais apontarem a incapacidade de conceitos, categorias e teorias clássicas explicarem a realidade. Destaca as muitas permanências vindas da sociedade do século XIX: a alienação e a exploração do trabalho humano, assim como antigas estruturas de dominação e poder que, às vezes, continuam com roupagens novas. Dessa forma, é preciso estar atento ao velho conteúdo que permanece e ao novo que se apresenta, ao mesmo tempo e num mesmo espaço. Desenvolver a noção da coexistência de tais elementos é fundamental para o estudante em seu processo de conhecimento do mundo.

A reforma do pensamento e da maneira de ensinar comporta a contextualização do conhecimento científico e uma reflexão epistemológica constante do seu processo de produção e reprodução. Um pensamento que compartimenta, separa, isola – em nome da maior eficiência na apreensão do objeto – é incapaz de perceber o global, o fundamental nos problemas humanos, pois estes são interligados e interdependentes no tempo e no espaço.

> Não é possível conhecer as coisas como são em si. Nós as conhecemos por meio de categorias construídas, por isso a realidade que objetivamos captar não se encontra pré-formatada; nós a construímos em nossa relação com ela.

As categorias e os conceitos sociológicos são os articuladores do conhecimento desenvolvido na escola, no âmbito de cada disciplina. Os professores têm por objetivo que os alunos, ao dominarem as informações e conhecimentos de suas disciplinas, façam-no valendo-se dos conceitos centrais e da linguagem própria de sua ciência. Nesse sentido, apresentam ao aluno uma forma de apreensão do mundo mediante os conteúdos selecionados e consideram uma aprendizagem bem-sucedida quando o aluno domina, aplica e generaliza os conceitos e a linguagem própria do conhecimento desenvolvido.

A visão da ciência como uma representação da realidade implica que os conteúdos escolares trabalhem com representações e interpretações da realidade atual e de outros tempos e espaços. Os conhecimentos são provisórios, passíveis de questionamentos e em constante processo de reconstrução, o que significa não aceitar o relativismo absoluto, mas aceitar que as construções científicas são históricas e necessitam de constantes revisitações.

> O desafio que se apresenta em cada área de conhecimento é o da explicitação das categorias de análise: trabalhar os diversos conteúdos, interligar as ideias, contextualizar e redimensionar os conceitos.

Notas

[1] Edgar Morin (1921-), sociólogo francês, formado em Direito, História e Geografia, é um pensador com uma produção intelectual em Filosofia, Sociologia e Epistemologia, cuja crítica ao pensamento cartesiano, disjuntivo e fragmentado produziu reflexão sobre o pensamento complexo, da necessidade da religação dos saberes, de uma reforma de pensamento para captar realidades complexas e ambivalentes.

[2] Boaventura de Sousa Santos (1940-) é professor de Economia na Universidade de Coimbra e possui um conjunto de obras que reflete suas preocupações com o desenvolvimento da ciência e os reflexos sobre a realidade. Em seus estudos, destacam-se análises sobre a crise da modernidade e dos paradigmas fundados na ciência clássica e a emergência de paradigmas capazes de abarcar a realidade em transição.

[3] Basarab Nicolescu (1942-), nascido na Romênia, é doutor em ciências físicas pela Universidade de Paris e professor de física teórica da Universidade de Pierre e Marie Curie. É presidente do Ciret – Centro Internacional de Pesquisas e Estudos Transdisciplinares, fundado na França, em 1987.

[4] Karl Popper (1902-1994), filósofo, nascido na Áustria, um dos mais importantes pensadores da contemporaneidade sobre a ciência.

[5] Albert Einstein (1879-1955) nasceu na Alemanha, formulou a famosa Teoria da Relatividade, que revolucionou o conhecimento sobre tempo e espaço.

[6] Antonio Gramsci (1891-1937), intelectual e militante socialista italiano, cujas obras influenciam movimentos de esquerda no mundo; entre as suas obras, escritas a maioria delas na prisão, no governo de Mussolini, entre 1926 a 1937, constam: *Concepção dialética da história*, *Cadernos do Cárcere* (6 v.).

[7] Octávio Ianni (1926-2004), sociólogo brasileiro, com estudos desenvolvidos sobre questões étnicas, culturais e de classe, além de teoria sociológica, política e desenvolvimento. Escreveu: *As metamorfoses do escravo* [1962]; *Política e revolução social no Brasil* [1965]; *Estado e capitalismo no Brasil* [1965]; *Raças e classes sociais no Brasil* [1966]; *O colapso do populismo no Brasil* [1968]; *Classe e nação* [1986]; *A sociedade global* [1992]; *Teorias da globalização* [1995].

A Sociologia como ciência

A boa ciência social supõe um interesse genuíno do pesquisador pela realidade que estuda, uma compreensão adequada dos contextos sociais em que surgem e se desenvolvem as ideias e um esforço de trabalhar com conceitos cada vez mais universais e abrangentes.
Simon Schwartzman, *Paradigma e espaço das ciências sociais*, 1987.

Por que vivemos em sociedade? A história é conduzida pelo indivíduo ou pela sociedade? Qual a relação entre sujeito e coletividade social? Essas e inúmeras outras questões que remontam à Grécia antiga ocupam os sociólogos no presente. Os primeiros esforços de sistematização e delimitação do objeto de estudo da Sociologia surgiram no contexto histórico do século XIX. Auguste Comte,[1] foi o primeiro a utilizar a palavra Sociologia, concebendo-a numa perspectiva positivista.

A verdadeira ciência era aquela passível de observação e experimentação direta, levando ao estabelecimento de leis gerais. O positivismo norteou a configuração da ciência da sociedade no século xix, fazendo analogia metodológica com as ciências naturais. A exaltação desse novo saber é poder conduzir à concepção do cientificismo positivista – um pensamento que concebe a ciência como o único conhecimento possível, tendo como método válido o das ciências da natureza, estendido a todos os campos de investigação científica.

Enquanto os fenômenos naturais são observáveis, quantificáveis, passíveis de explicação por leis físicas e princípios universais, possibilitando uma observação neutra, sem envolvimento do observador, os fenômenos sociais têm caráter subjetivo. Para a Sociologia, um dos obstáculos mais importantes decorria do fato de os fenômenos sociais serem de caráter subjetivo, ou seja, provenientes da ação humana, pois tentar captar o que se passa na mente do sujeito é desafiador. Dada a impossibilidade de o cientista social "estar dentro", no ato da observação, recomendava-se que ele deveria "estar fora" e, assim, não contaminar o objeto observado com suas próprias ideias e visão do mundo. O observador, ao buscar conhecer a realidade social, deixaria de ser objetivo por estar envolvido pelo meio, ou seja, por fazer parte, de alguma maneira, do seu próprio objeto de estudo.

Nesse clima, os cientistas sociais reivindicaram para a Sociologia o estatuto de ciência, utilizando-se dos métodos e critérios das ciências naturais. Assim como a ciência clássica pautou-se pela construção de modelos explicativos para os fenômenos naturais, o positivismo constituiu-se num modelo pronto, uma matriz teórica para observar e descrever a realidade das relações sociais. A escola positivista no interior da Sociologia preconizava ser a sociedade, tal como a natureza, regulada por leis invariáveis e independentes da ação humana.

A garantia para que o conhecimento fosse considerado científico implicava o distanciamento do observador em relação ao objeto, a separação do objeto do seu meio, a análise dos dados quantificáveis, afastando-se de que era tido como senso comum.

As leis que regulam a Economia e a Política seriam do mesmo tipo que as leis naturais. Da mesma maneira que as ciências da natureza eram consideradas ciências objetivas, neutras, livres de juízo de valor, de ideologias, a sociedade também deveria ser estudada de maneira objetiva, livre das interferências humanas, como defendia Émile Durkheim[2] (1990), um dos autores clássicos da Sociologia.

A Sociologia tradicional passou pela concepção da separação entre o sujeito que pesquisa e o objeto investigado. Seguiu as regras metodológicas para a prática da descrição da realidade da forma mais neutra possível e sem interação com o meio que investiga. A visão de mundo daquele que investiga não deveria interferir no objeto. Daí, a proposta de uma Sociologia meramente descritiva, cujos fenômenos de natureza social seriam cuidadosamente ordenados, comparados, atemporais e caracterizados como abstratos.

Outros autores clássicos da Sociologia, como Max Weber,[3] não acreditavam na neutralidade axiológica, ou seja, na possibilidade de o sujeito cognoscente deixar de se envolver com os valores sociais e culturais que informam o seu objeto de estudo. Para Weber (1974) não era possível suprimir toda prenoção e juízo de valor, ao contrário, sua proposta era integrá-los conscientemente na ciência e fazer deles instrumentos úteis na investigação da verdade objetiva. Também, Karl Marx,[4] como filósofo, contribuiu muito para o pensamento social. Marx (1977) afirmava que uma ciência seria supérflua se permanecesse na aparência exterior e o conhecimento não fosse prático e transformador. Acompanhemos no Quadro 1 uma síntese da contribuição dos fundadores da Sociologia

Quadro 1 – Fundadores da Sociologia

COMTE (1798-1857)	DURKHEIM (1858-1917)	WEBER (1864-1920)	MARX (1818-1883)
Foi o primeiro a utilizar o termo "sociologia", concebendo-a numa perspectiva positivista. A ciência da sociedade se constituiria, em termos metodológicos, de forma assemelhada às ciências naturais. Objetiva constatar a ordem que reina no mundo social, de modo a agir sobre ela. Prever e prover. Tendência à dogmatização e à transformação da Sociologia em doutrina, com a pretensão de torná-la uma ciência da humanidade.	O objetivo da Sociologia era estudar fatos que obedecem às leis sociais, invariáveis e de mesmo tipo que as naturais. Propõe um método comparativo para captar a ordem social vigente, inspirando-se nas ciências naturais. Sua visão é de que a sociedade não é simples soma de indivíduos, mas a sua combinação. Os problemas de ordem social implicam consenso e integração. Concepção de uma Sociologia normativa.	Foi o primeiro a perceber a importância da noção de ação, propondo a Sociologia como a ciência da ação social. Concebe a realidade social como complexa e caótica, cuja ordenação é obtida intelectualmente. Constrói os tipos ideais, como recurso metodológico no processo da racionalização da ciência. Os vínculos entre ciência e política são centrais para a Sociologia compreensiva. A Sociologia é uma disciplina interpretativa.	Ao compreender a sociedade capitalista, construiu um instrumental analítico, teórico e metodológico para o desenvolvimento da dialética e da Sociologia. Centra a atenção na contradição e no conflito de classe como agentes de mudanças e de superação da ordem capitalista. O conhecimento da realidade social é histórico como ela e capaz de transformá-la.

Fonte: Comte; Durkheim; Weber; Marx (diversas obras). Elaboração das autoras, 2009.

O objeto *sui generis* de uma disciplina científica relativamente nova, como a Sociologia, nascida em fins do século XIX, requer uma passagem pelas obras dos autores-pilares da Sociologia, observando como eles trabalham o conhecimento e o seu modo de construí-lo. São autores clássicos porque nos surpreendem a cada nova leitura, retêm poder explicativo e muito temos a aprender, descobrindo reflexões válidas até os dias de hoje.

As obras clássicas tradicionais são leitura obrigatória para o estudioso da Sociologia. Os conhecimentos que trazem podem complementar-se sobre diferentes aspectos de apreensão da realidade e esse aproximar-se do pensamento dos pioneiros tem sido atitude e fonte de inspiração para os autores contemporâneos. Esse é um movimento profícuo ao processo de conhecer, ensinar e aprender Sociologia, partindo da premissa que nenhum ensinamento é absoluto ou absolutamente correto.

Apesar da crítica à concepção positivista – estabelecida no bojo da própria modernidade –, verifica-se que ela ainda está muito presente no ensino e nas abordagens teóricas e empíricas da Sociologia, bem como de outras ciências sociais. Em que consiste uma Sociologia ensinada pelo viés positivista? Do ponto de vista do positivismo, a Sociologia é uma ciência acrítica e aistórica, ensinada de maneira linear e meramente descritiva dos fenômenos sociais, como visão única e verdade absoluta. É conservadora, concebendo as mudanças e as transformações numa dimensão de causas e efeitos, analisa a evolução da humanidade como uma sucessão de etapas rumo ao progresso. Por decorrência, a Sociologia positivista tende a ser tipológica, classificando sociedades, grupos sociais e os povos em atrasados e superiores, definidos em função de sua capacidade técnica e científica.

Noutra linha metodológica, encontra-se uma Sociologia que podemos caracterizar como crítica e dialética, cujo raciocínio considera a contradição, o conflito, os avanços e recuos, as permanências e mudanças, as construções e desconstruções que ocorrem no interior da sociedade. A dialética, enquanto atributo da realidade e também do pensamento, exige que se realize um movimento de crítica e construção do conhecimento sobre nova base, ou seja, uma síntese no plano do conhecimento e da ação, de maneira a contribuir para a formação de um intelectual que toma a realidade nas suas múltiplas dimensões, como princípio educativo.

Existe uma relação dialética entre sujeito e objeto do conhecimento, e não uma separação. O sujeito que procura conhecer a realidade é dela participante, está em movimento e captura as suas contraposições. Sem a atividade do homem, criadora de todos os valores, inclusive os científicos, o que seria a objetividade? Gramsci (1987) faz essa pergunta e responde: nada, o vazio. Há que pensar a ciência ligada às necessidades, à vida, à atividade do homem.

A realidade com que se depara a Sociologia não está predeterminada, mas permeada pelo imprevisto, pelo acaso, pelo aleatório. Na sociedade, existem acontecimentos visíveis que podem ocultar uma realidade ainda invisível. Como exemplo, na década de 1980, não se previa a queda do império socialista, mas a crise que a antecedeu era real.

A realidade é complexa. Exemplificando, o fenômeno da globalização da economia é recente e avança sobre o planeta, envolve países ricos, pobres, grandes, pequenos e suas etnias, tribos, nacionalidades, religiões. Atinge todos os setores da vida humana e da organização da sociedade, afetando homens e mulheres em suas relações com o capital, o trabalho, a natureza, a cultura, a tecnologia. A sua complexidade exige uma nova forma de pensar e de interagir com as transformações que ocorrem de forma acelerada na sociedade. Os modelos teóricos e os conceitos existentes não explicam de todo esta realidade.

Acercar-se da realidade, com o olhar dialético, implica incorporá-la ao ser cognoscente e, ao mesmo tempo, expressá-la, numa demonstração da dinâmica dessa realidade sensível ao homem. É o pesquisador, munido de conhecimentos teóricos, que interpreta a realidade, é ele quem clareia a realidade e se deixa conhecer, num processo capaz de conhecer e transformar, transformando-se simultaneamente.

Algumas condições, para que o processo de conhecimento da realidade social ocorra, são perceptíveis no pensamento dos clássicos da Sociologia. Pelo exame do Quadro 2, percebemos o quanto as concepções de ciência e realidade estão interligadas e são interdependentes nos pensadores, formando um todo lógico e coerente. A partir do contexto histórico de sua época, com avanço teórico-interpretativo que nos alcança, neste momento de modernidade exacerbada, o trabalho dos primeiros sociólogos é realmente de construção do conhecimento social e sociológico.

Quando se fala em construção, está-se referindo à ação lógico-sociológica desses pensadores, ao modo como identificam o objeto de estudo da Sociologia, como a delimitam enquanto ciência, ao papel da realidade e da teoria na configuração desse objeto, que se revela um objetivo para o investigador: o processo de aquisição do conhecimento científico. No Quadro 2, vejamos os pressupostos presentes no pensamento dos clássicos ao proporem uma ordenação da realidade social, um fenômeno fugidio, mutável e histórico, por ser produto do próprio homem e também produzi-lo.

Quadro 2 – Sinopse da construção do conhecimento em Durkheim, Weber e Marx

	DURKHEIM	WEBER	MARX
Perspectiva analítica	Empirista: O objeto de conhecimento constitui-se na medida em que rompe com o senso comum.	Relativista: O objeto de conhecimento reflete o repertório de valores da época, da cultura e do pesquisador.	Construção e práxis: O conhecimento se faz como construção da realidade e contém um potencial de mudança.
Conhecimento/ ciência	O conhecimento científico dos fenômenos sociais constitui representação teórica dessa realidade.	O processo de compreensão do real faz-se mediante os seus significados e valores culturais.	O processo de conhecimento é uma atividade prática, laboriosa e portadora de historicidade. O pesquisador apropria-se do real ao conhecer as condições históricas particulares. O conhecimento científico é a tomada de consciência histórica.
Sujeito cognoscente	O pesquisador afasta as prenoções para chegar ao conhecimento científico dos fenômenos sociais e procura a objetividade.	O sujeito do conhecimento é o ordenador mental da realidade social.	O sujeito que conhece é concomitantemente sujeito do conhecimento e sujeito histórico, sujeito da ação.

Objeto/realidade	A realidade social precede o indivíduo, por isso o sujeito cognoscente apreende-a como um sistema de relações entre partes (instituições sociais).	A realidade é caótica e infinita. A finita mente humana não a conhece integralmente, captando apenas parcelas do real.	A realidade social é material e historicamente determinada, e está em contínua transformação. O seu conhecimento persegue as leis naturais históricas.
Relação sujeito/objeto	A realidade social impõe-se ao sujeito do conhecimento, que a apreende mediante um esforço do espírito de sair de si mesmo, para tratá-la como coisa, algo independente dele.	O subjetivo é um momento obrigatório do processo objetivo de conhecimento.	As dimensões do sujeito e do objeto de estudo se intercambiam, pois o sujeito faz-se objeto de conhecimento e esse influencia o pesquisador.
Sociedade	A realidade das sociedades modernas industriais é orgânica e tende à estabilidade funcional. Por vezes é patológica, se as normas se desorganizam (disnomia), distanciando-se dos costumes ou permanecendo sem normas para a convivência (anomia).	Dada a diversidade cultural, a realidade social é um conjunto de possibilidades históricas.	É uma realidade histórica evidente, sujeita às determinações das condições sociais, mutáveis e conjugadas.
Posição epistemológica	Realismo científico	Idealismo científico	Dialética
Método	O método sociológico é específico e comparativo.	Compreensivo e comparativo histórico.	Materialismo histórico

Metodologia	Funcionalismo	Fenomenologia	A dialética materialista pressupõe a apreensão do movimento dos contrários, de posições antagônicas e complementares.
Recurso metodológico	O conceito de função corresponde a uma necessidade social a ser conhecida pelo observador.	A construção de tipos ideais implica proposições conceituais que expressam a singularidade de um fenômeno social.	Tese, antítese e síntese são proposições acerca da realidade, seja pelo que a determina historicamente (tese), seja pelo que a ela se opõe (antítese), seja pelo que resulta do contraste dos dois momentos anteriores (síntese).
Ideal de cientificidade	Neutralidade: para conhecer a realidade, o pesquisador deve afastar as prenoções, os pré-juízos.	A objetividade buscada pela relativização dos valores sociais.	Reconhecer a presença da ideologia no processo de investigação, distinguindo a essência e a aparência dos fenômenos.
Teoria	É um conhecimento ordenado, resultante da observação dos acontecimentos regulares na realidade.	Proposta conceitual que permite estabelecer o que cada fenômeno histórico tem de particular, de singular, denominada construção de tipos ideais.	Construção explicativa do real por meio de categorias analíticas que, desde as mais simples, apreende o que Marx denomina "síntese de múltiplas determinações".

Sociologia	A ciência da sociedade, com caráter normativo, objetiva chegar à formulação de leis gerais ou de generalizações sobre o real.	Ciência capaz de interpretar a ação social e compreender o sentido que a orienta.	A ciência social realiza a práxis, transforma o real pelo conhecimento histórico.
Objeto de estudo sociológico	Fatos sociais	Fenômenos sociais, que são individualidades históricas.	Relações sociais determinadas. O exemplo emblemático são as relações de produção.
Relação sociedade/indivíduo	Prioridade do social sobre o individual. A realidade psíquica não se confunde com a realidade de natureza social, considerada *sui generis*, por resultar da combinação das consciências individuais e não da sua somatória.	Como a dimensão subjetiva prevalece na relação, o sujeito cognoscente deve apreender o sentido da realidade histórica em diferentes momentos.	A sociedade é uma realidade relacional determinada historicamente.
Princípio organizativo social	Harmonia	Racionalidade	Conflito/luta de classes sociais
Princípio paradigmático	Integração social	Racionalização social	Contradição social
Categoria básica de análise	Solidariedade/ coesão social	Ação social	Trabalho/valor/ relações

Mudança social	Conjunto de regularidades sociais que comporta a ordenação, a previsão e a evolução.	A história tem um sentido variável, de acordo com as configurações históricas da consciência.	A história é um processo, um contínuo movimento, a própria práxis coletiva, pois não depende da vontade dos homens. As mudanças resultam da atividade dos homens, que se associam para produzir, repartir e apropriar-se da riqueza material produzida.
Influência intelectual	Comte, Spencer, Montesquieu	Rickert, Jaspers	Hegel, Adam Smith

Fonte: Durkheim, Weber, Marx (diversas obras). Elaboração das autoras, 2009.

Embora a literatura dos manuais tenda a definir como objeto da Sociologia a vida do homem em sociedade, a estrutura social, a desigualdade social e/ou outros fenômenos, todos eles tratam de elementos que visam caracterizar diferentes dimensões da realidade social. Assim, o objeto último e primeiro da Sociologia é a realidade dos homens aglutinados para sobreviver material e simbolicamente. A concepção da realidade das relações sociais pode constituir-se, portanto, no ponto de partida para o fazer pedagógico nas ciências sociais.

Para Marx (1977) – a quem a Sociologia deve tributo pelas ideias e método de análise da sociedade capitalista –, a realidade é essencialmente matéria, está em contínua transformação e é historicamente determinada. De acordo com a sua teoria, na história da humanidade, cada modo de produção material condiciona o processo da vida econômica, social, política e espiritual, em geral. As relações sociais, os sistemas jurídicos, religiosos, as ideias teóricas que aparecem na história só podem ser compreendidas quando as condições materiais da época em que ocorreram forem compreendidas. A análise deve tornar transparentes as relações, os processos e as estruturas e isso exige a crítica das ideias, conceitos e representações sob os quais pessoas, classes sociais e outros fenômenos aparecem na consciência humana e na ciência. Em sua ótica, devem-se buscar na história os fatos, as relações efetivamente ocorridas, o desvelamento das relações sociais em tempo e espaço diversos.

Já para Durkheim (1990), a realidade é dada, objetiva, independente dos sujeitos individuais. É coercitiva e precede o indivíduo. É orgânica porque sua estrutura é sistêmica, ou seja, as partes se complementam em interdependência. Ele observa a realidade social pela ótica da regularidade dos acontecimentos, uma vez que esses tendem à estabilidade e à harmonia social, não deixando emergir os conflitos. A apreensão dos fatos sociais deve-se dar por meio do método comparativo, porque este permite experimentação indireta, visto que nas ciências sociais não é possível a experimentação direta, como pode ocorrer nas ciências naturais. Depois de afirmar que a explicação sociológica consiste no estabelecimento de ligações causais, Durkheim observa que a única forma de demonstrar ser um fenômeno a causa de outro é examinar os casos nos quais os fenômenos estão simultaneamente presentes e estabelecer qual depende do outro.

Para Weber (1974), a Sociologia tem como objeto a ação social imbuída de sentido, significado cultural que os homens lhe atribuem numa escala de valores sociais. Weber concebe a realidade social como complexa, caótica, fugidia ao controle humano e sua ordenação intelectual só pode ser obtida teoricamente. O sujeito do conhecimento é o ordenador da realidade social, enquanto mantém com ela uma relação de subjetividade. O método weberiano de construção do conhecimento corresponde à prática de um pesquisador em Sociologia histórica e comparativa, que se utiliza da história, não para perseguir sequências regulares, mas culturais, valores múltiplos que contextualizam um determinado fenômeno histórico, pelo fato de ser dotado de significado para os homens de uma mesma época e cultura.

O método de Weber é também compreensivo ao buscar a apreensão interpretativa do sentido da ação social, estabelecendo a conexão de sentido entre diferentes ações. A Sociologia compreensiva apresenta-se como uma tentativa de apreender os processos de combinação e composição a partir dos quais emergem, intelectualmente, tipos ideais de ações e/ou individualidades históricas, ações grandiosas e típicas de uma época, como o capitalismo no Ocidente, a burocracia do Estado moderno, a dominação tradicional na Idade Média.

A Sociologia clássica oferece eixos estruturantes para explicar a realidade social, conforme a posição teórico-metodológica dos grandes pensadores, ou seja, o prisma através do qual eles observam a realidade. As suas proposições ainda não foram superadas, apesar de correntes cunhadas como pós-modernas terem anunciado a morte das metanarrativas e das teorias sobre a sociedade moderna. Esses eixos da análise sociológica explicam a estruturação das relações que os homens estabelecem e podem ser identificados pelo princípio da contradição social enquanto base da metodologia materialista histórica de Marx, pelo princípio da integração social proposto por Durkheim e pelo princípio da racionalização social, oriundo do pensamento de Weber.

Essas vertentes de apreensão da realidade são como lentes com as quais esses autores enxergam a sociedade, ainda que suas ideias não expliquem *in totum* a realidade em contínuo movimento. As metodologias propostas revelam-se pertinentes e suas matrizes teóricas são orientadoras de pesquisas e de políticas públicas modernas, enquanto autores contemporâneos de grande aceitação fazem avançar a ciência sociológica, mantendo ligação com as proposições dos clássicos.

A validade e a importância da teoria social moderna confirmam ser ponto de partida para a interpretação do real. Ao recuperar a Sociologia clássica, Figueiredo (2001) assinala que, devido ao percurso transcorrido pela ciência sociológica, ela detém condições de análise da realidade múltipla e complexa, porque possui arcabouço teórico-metodológico para a compreensão do mundo atual. Essas condições contrapõem-se àqueles cientistas sociais que têm anunciado a obsolescência de conceitos e categorias construídas pelos autores clássicos, embora as interpretações herdadas não sejam suficientes diante das mudanças sociais aceleradas. Entretanto, a Sociologia dispõe de um instrumental teórico clássico e contemporâneo para enfrentar as incertezas do mundo em mutação, cujas inovações científicas e tecnológicas do último século produziram alterações substanciais nas várias dimensões da sociedade.

> O processo de conhecimento na Sociologia revela-se uma chave para compreender os problemas atuais da vida do homem em sociedade.

Notas

[1] Auguste Comte (1798-1857) é considerado o precursor da Sociologia. Filósofo francês, fundador do positivismo, cujas obras são: *Opúsculos de filosofia social* [1816-1828]; *Curso de filosofia positiva* [1830-1841]; *Sistema de política positiva* [1852-1854].

[2] Émile Durkheim (1858-1917), sociólogo, um dos fundadores da escola sociológica francesa. Escreveu: *Divisão do trabalho social* [1893]; *As regras do método sociológico* [1895]; *O suicídio* [1897]; *As formas elementares da vida religiosa* [1912]. Em 1896, fundou *L'Année Sociologique*, jornal da teoria e pesquisa sociológicas na França.

[3] Max Weber (1864-1920) foi economista e sociólogo alemão, que produziu uma Sociologia compreensiva para lidar com julgamentos de valor. Escreveu: *A ética protestante e o espírito do capitalismo* [1904-1905]; *Ensaios sobre algumas categorias da Sociologia compreensiva* [1913]; *Ciência e Política: duas vocações* [1919]; *Economia e Sociedade* [1922].

[4] Karl Marx (1818-1883), filósofo e economista alemão, analisando a dinâmica da sociedade capitalista contribuiu para desenvolver a teoria sociológica. Integram a sua obra: *Manuscritos* [1844]; *A sagrada família* [1844], em colaboração com Engels; *A ideologia alemã* [1845], *Manifesto do Partido Comunista* [1848] e *Miséria da filosofia* [1847], em resposta ao livro de Proudhon *Filosofia da Miséria* [1846]; *O Capital* [1867-1905].

A Sociologia no ensino médio

Fixar-nos como tarefa: primeiro, estudar, segundo, estudar, terceiro, estudar e depois comprovar que a ciência não se reduza a letra morta, mas chegue a ser elemento integrante da vida diária.

Armand Mattelart, *La comunicación masiva en el proceso de liberacion*, 1980.

Embora há muito tenha sido demarcada a importância do ensino da Sociologia e da Filosofia na formação do cidadão e no processo de reflexão sobre o pensar, somente a partir do momento em que essas disciplinas se institucionalizam como obrigatórias no ensino médio é que passam a ser objeto do exame vestibular em algumas universidades públicas do país. Esse fato torna premente a necessidade de maior clareza quanto ao que ensinar nessas disciplinas curriculares, os seus objetivos e o papel delas na formação intelectual e humana dos adolescentes no atual contexto de transformações sociais.

Qual o objetivo do ensino da Sociologia no ensino médio? Essa é uma das primeiras perguntas a se responder para a elaboração de projeto pedagógico pelo professor e pela escola. Acreditamos que a análise da trajetória de ensino de outras ciências pode contribuir para elucidar essa questão. Muitos professores de História se perguntaram se o objetivo era, nessa fase da vida escolar, formar historiadores ou desenvolver um pensar histórico em que os estudantes se reconhecessem como *sujeitos* que constroem a sua história e a de todos os homens.

A Sociologia também precisa se perguntar sobre o seu objetivo no ensino médio. Seria o de formar sociólogos? Ou, antes, introduzir uma forma de pensar sociologicamente a realidade, fornecendo aos estudantes meios para compreendê-la e contribuindo para a inserção social de cidadãos plenos, críticos e atuantes?

Dessa maneira, colocam-se para os professores da disciplina de Sociologia, no ensino médio, questões como: qual o fundamento de se trabalhar as ideias dos clássicos da Sociologia com alunos de 15 e 16 anos? O que ensinar em Sociologia? Que função cumprem as classificações e tipificações de grupos sociais, de sociedades, tão presentes nos manuais de Sociologia?

O pensar, refletir e analisar sociologicamente as transformações do mundo atual provoca conteúdos imprescindíveis para estudantes que estão prestes a ingressar no ensino superior. A análise de processos e fenômenos sociais e as reflexões que suscitam são relevantes do ponto de vista pessoal e de compreensão e interpretação da sociedade e suas questões. Dispensam para isso o conhecimento de uma Sociologia sistemática dos manuais de iniciação.

A construção do conhecimento em Sociologia supõe a escolha de temáticas sociais emergentes e o entendimento das teorias sociológicas explicativas da realidade, com seus conceitos inter-relacionados.

As escolhas dos conteúdos a serem tratados, da metodologia e das estratégias a adotar não são neutras e acéticas, mas contêm uma proposta político-pedagógica que poderá contribuir para os princípios educativos.

A *cidadania* é o eixo principal da educação, conforme os Parâmetros Curriculares Nacionais (PCN) e os princípios presentes na Constituição, que supõem a dignidade da pessoa humana, a igualdade de direitos, a participação e a corresponsabilidade social. O conjunto das disciplinas desenvolvidas nas escolas orienta-se por esse eixo, porém, na maioria das vezes, dada a visão da ciência e de ciência dos professores e dos objetos particulares de cada um – ainda centrados nos paradigmas clássicos –, os temas referentes à formação da cidadania plena tendem a ser tratados como periféricos ou se constituem em objeto de reflexão apenas em alguns poucos momentos no decorrer do ano.[1] A urgência de trabalhar conteúdos programáticos demandados nos exames vestibulares tem levado as escolas a deixarem em segundo plano temas que visam à compreensão e à inserção na realidade local, nacional e global. Tende a prevalecer uma visão de cultura inútil e pragmática, o que é um risco para a Filosofia e as ciências humanas.

O caminho encontrado e sugerido para a formação de cidadãos críticos e atuantes, presente no PCN do MEC (Brasil, 1998), é o da abordagem via temas transversais, além do cuidado com a seleção dos conteúdos e textos e a forma como os abordamos e os desenvolvemos no âmbito das disciplinas. Apesar das críticas e controvérsias quanto aos temas transversais, é importante que a escola como um todo continue nessa empreitada, pois se reconhece as limitações de cada uma das ciências. É evidente que nenhuma área pode por si só dar conta da problemática social; dessa forma, transdisciplinaridade, interdisciplinaridade e pluridisciplinaridade são princípios metodológicos fecundos no fazer educacional.

> A transdisciplinaridade consiste numa concepção orientadora que perpassa o fazer pedagógico. A interdisciplinaridade se caracteriza quando diversas áreas do conhecimento têm como referência um mesmo método. A pluridisciplinaridade corresponde ao trabalho de diversas disciplinas sobre um mesmo objeto.

A Sociologia, por sua vez, tem como objeto central a realidade social, o estudo das estruturas sociais e as suas transformações, perpassando pela origem e formação das sociedades, das organizações e instituições sociais, econômicas e políticas e as desigualdades sociais, que impedem ou dificultam a conquista e o exercício da cidadania e a justiça. Outras disciplinas tendem a tratar tangencialmente a realidade social, embora experiências de professores de História e de Geografia consigam estruturar programas de ensino, onde a realidade presente é o objeto de atenção.

Em épocas anteriores ao capitalismo, o lugar social de cada um encontrava-se previamente definido em estatutos e regulamentos, dispensando estudos empíricos. Com a emergência da sociedade industrial capitalista, quando se institucionalizam normas, leis e princípios universais para os cidadãos – assegurando direitos iguais, livre acesso ao mercado, ao processo político, à igualdade, mas que não se concretizaram de todo, – criam-se condições para o aparecimento de uma ciência propícia a contrastar os princípios de igualdade anunciados com a realidade social. Nesse sentido, constam entre os objetivos da Sociologia: a realização da crítica empírica da igualdade institucionalizada, da cidadania universal e da participação no mercado, além de formular uma compreensão teórica de como essa igualdade foi distorcida em verdadeira desigualdade social.

A maneira como o professor conduz a disciplina junto aos estudantes, preocupando-se com a significação dos conteúdos, das metodologias utilizadas e com a correspondência entre conteúdo/metodologia/avaliação, é fundamental na construção do curso e do conhecimento sociológico. Essas três dimensões, como partes do processo ensino-aprendizagem, devem ser interdependentes e conectadas. A avaliação, por exemplo, deve ser o espaço de sistematização da aprendizagem e estar em consonância com os conteúdos efetivamente trabalhados. Se desenvolver os conteúdos de forma reflexiva não é estratégia no dia a dia do professor, não é na avaliação o momento de fazê-lo.

> Ao ensinar Sociologia, além de desenvolver conteúdos significativos e relevantes quanto aos aspectos social, humano e acadêmico, o desafio para o professor é passar uma maneira de pensar e de apreender a realidade.

Ensinar uma metodologia de estudo não se faz de modo neutro. Os jovens são especialmente sensíveis às *contradições sociais*, políticas, econômicas, mas também pedagógicas. Ao desenvolver a disciplina de Sociologia é preciso que se resguarde uma relação não autoritária com os conteúdos e com os procedimentos metodológicos e avaliativos adotados.

A realidade social hoje mostra que a escola de modo geral encontra-se em desencantamento, pois a aprendizagem sistemática não garante que, ao final da formação acadêmica, o indivíduo tenha acesso ao emprego ou a possibilidade de mobilidade social, como em outros tempos. Essa ideia alastra-se e atinge a escola, porém, como analisa Forrester (1997), inculcar em jovens os rudimentos de uma vida que, de antemão não é viável, pode ser considerado uma afronta. Essa realidade deve ser desvelada, analisada e compreendida pelos estudantes, para que no interior das contradições sociais haja a possibilidade de enxergar possíveis caminhos.

O diagnóstico de retração da esfera pública na sociedade contemporânea, nos *níveis macro e microssociais*, reforça a importância da escola no processo de reconstrução do espaço público e de preparação para o exercício da cidadania e uma inserção política crítica e atuante. Para isso, são necessários sólidos conhecimentos, memória histórica, respeito pelo que é público, pois sem isso não pode haver democracia, como observa La Taille (1996). A escola encontra-se desafiada a se constituir em lugar de contradiscurso, de resistência à manipulação consumista presente no capitalismo, um ambiente de reflexão e de crítica que ajude a alterar a realidade.

Ao contrário do que mostra o cinema romântico, que produz professores heróis, uma educação emancipadora não acontece dentro de uma disciplina, tampouco resulta da ação de um único professor. Requer um projeto educacional em âmbito institucional, ou seja, da escola como um todo, inserção crítica e criativa dos professores e um currículo integrado, no qual a Sociologia constitua uma parte fundamental e articulada com outras disciplinas. Uma educação de cunho emancipador, ao eleger a Sociologia disciplina obrigatória, requer uma reflexão aprofundada sobre os limites da ciência e suas consequências portadoras de mudanças com sérios riscos para a vida humana e a ecologia do planeta.

Faz-se necessário um processo educacional contextualizado, que compreenda a *relação dialética* entre desenvolvimento social e aprendizagem, contemplando a diversidade e os conteúdos significativos. É importante deixar aberto aos estudantes o caminho para a tomada de posição frente às questões sociais, para que novas estratégias e ações permitam vislumbrar outras perspectivas para o desenvolvimento da sociedade.

Nota

[1] Distingue-se aqui a concepção da ciência, da concepção de ciência. A primeira refere-se ao pensamento sobre ciência em geral, se esta é sinônimo de verdade, certeza, se está fundada numa concepção cartesiana ou não. A expressão "concepção de ciência" diz respeito à posição do professor, quanto à ciência particular com a qual trabalha.

PARTE II
CONSTRUÇÃO DO CONHECIMENTO EM SOCIOLOGIA NO ENSINO MÉDIO

É necessário partir do concreto para atingir o abstrato e, uma vez claramente estabelecidos os conceitos, regressar ao concreto para os enriquecer com toda a complexidade das suas determinações.

Karl Marx, *Contribuição à crítica da economia política*, 1977.

A relação entre desenvolvimento e aprendizagem

O conhecimento é, pois, um processo infinito, mas um processo acumulando as verdades parciais que a humanidade estabelece nas diversas fases do seu desenvolvimento histórico, alargando, limitando, superando estas verdades parciais, o conhecimento baseia-se sempre nelas e toma-as como ponto de partida para um novo desenvolvimento.
Adam Schaff, *História e verdade*, 1978.

A aprendizagem humana não é um processo linear e mecânico. Estudos apontam para a necessidade de nos desenvolver física, emocional e intelectualmente. Na perspectiva dialética, o desenvolvimento e a aprendizagem relacionam-se como um todo na formação biopsíquica e social do indivíduo, ou seja, quanto mais aprendizagem, mais desenvolvimento e vice-versa. Há uma interdependência dialética entre ensino-aprendizagem e desenvolvimento biológico e emocional que são cruciais na construção dos processos mentais e do conhecimento pelo sujeito. Afirmamos: não há ensino sem aprendizagem, quem ensina é aquele que mais aprende.

O desenvolvimento mental não é dado *a priori,* nem é universal. Graças à ação humana é que a criança passa de um ser biológico no nascimento para um ser social no tempo. Essa passagem ocorre mediante processos de interação na vida social. O ser humano, diferentemente de outros seres com comportamento prefixado na carga genética, à medida que vai interagindo com o semelhante, percebe sua herança genética se reduzindo, aumentando o papel e a importância dos processos sociais de aprendizagem, que acontece de forma contínua, por toda a vida. Por exemplo, os seres humanos trazem no seu código genético a capacidade de aprender uma língua, mas começar a falar antes ou depois, estruturar melhor os enunciados verbais, depende da qualidade de estimulação recebida.

> O desenvolvimento mental não é independente da estimulação do meio; a relação "indivíduo/meio" é de interdependência.

A influência educativa não é um fenômeno situado à margem dos processos de desenvolvimento psicológico e cognitivo, depende fundamentalmente da experiência e da aprendizagem. De acordo com Piaget[1] (1967), a adolescência marca o início do pensamento formal, que se revela quando o sujeito é capaz de pensar no que é possível, no passado e no futuro, ao invés de se fixar apenas no imediato. Formando esquemas conceituais abstratos – conceitos como democracia, arte, justiça, teoria –, o pensamento formal possibilita acesso infinito aos conteúdos do conhecimento e à flexibilidade de pensamento. O adolescente é capaz de não apenas procurar soluções absolutas e imediatas, mas compreende e constrói sistemas teóricos, buscando explicações mais gerais. Essa fase da vida implica a abertura de sua estrutura mental para as possibilidades que se apresentam, ampliando o leque de indagações.

A concepção piagetiana do desenvolvimento cognitivo parte da existência de mudanças estruturais e qualitativas durante a vida do indivíduo e pressupõe os estágios operatório, concreto e formal, que não surgem de forma repentina, mas resultam de um processo longo e complexo, dependente das aptidões e conhecimentos dos indivíduos, da sua interação com o ambiente. Há controvérsias, no entanto, quanto à questão do desenvolvimento e da aprendizagem; o que vem antes: o desenvolvimento ou a aprendizagem?

Para os piagetianos, o desenvolvimento antecede a aprendizagem, isto é, para aprender o indivíduo precisa estar maduro. Nessa linha, as fases do desenvolvimento humano são postuladas como universais. Outros educadores, entretanto, criticam os enfoques cognitivo-evolutivos das décadas de 1960/70, por considerarem contraditórias algumas de suas premissas, entre elas a questão da universalidade. Atestam que, se as etapas de desenvolvimento são de fato universais, seria um absurdo a escola ter como meta, por exemplo, que crianças pré-escolares atinjam a fase das operações concretas, pois chegariam a ela sem a necessidade de ajuda específica.

Na perspectiva de Vygotsky[2] e outros (1998), nem toda a educação é promotora de desenvolvimento do ser humano, mas somente aquela que preenche certos requisitos. Nesse caso, a educação deve levar o aluno além do nível de desenvolvimento já por ele alcançado em determinado momento de sua história pessoal e o trabalho pedagógico deve partir da aprendizagem real – aquilo que o aluno pode fazer sozinho – e chegar ao conhecimento potencial – aquilo que ele precisa aprender com o outro, o que ele pode atingir. Quando esse conhecimento potencial for aprendido e internalizado, torna-se real e contínuo. Isso implica um trabalho de continuidade, de perceber o que o aluno já sabe para poder avançar, sem desconsiderar que o conhecimento também pode ocorrer por saltos, descaracterizando a linearidade.

Observamos certas regularidades e semelhanças físico-biológicas na evolução dos seres humanos, mas seu aparecimento depende da experiência, da aprendizagem e da história individual. A ordem de aparecimento é a mesma, contudo pode produzir avanços e retrocessos, em função da experiência educativa, que é individual, interage com o contexto e o ecossistema em que se insere. A ontogênese não pode ser explicada atendo-se apenas à linha natural do desenvolvimento; ela não recapitula a filogênese. Para Piaget, o desenvolvimento do indivíduo recapitula o da espécie e não há visão única sobre a relação entre desenvolvimento e aprendizagem.

Ressaltamos o papel da educação como essencial para o desenvolvimento do ser humano, levando-o a amadurecer e a respeitar valores e referências centrais para uma sociedade que precisa ser reconstruída de modo permanente. Ao aluno, devemos propiciar a aquisição de estratégias a serem utilizadas por ele para a solução de tarefas, levando-o a desenvolver habilidades necessárias ao conhecimento, ou seja, deve aprender como proceder para aprender, conhecer as regras de como chegar a certo conhecimento, realizar tarefas que o capacitem a apreender as condições dos acontecimentos, dos fenômenos, enfim, da realidade que se lhe apresenta.

> A principal função da escola e de suas inúmeras atividades é impulsionar a aprendizagem e o desenvolvimento do aluno, permitindo uma progressiva aquisição, fortalecimento e extensão não só de conteúdos, mas também um modo de estudar, aprender a aprender e de aprender a pensar.

Cabe ao professor possibilitar cada vez mais a autonomia do aluno com relação aos seus estudos, pois o desenvolvimento cognitivo não se resume a um conjunto de estratégias aplicadas a qualquer conteúdo. Ao contrário, o desenvolvimento cognitivo consiste em blocos de informações significativas referentes às experiências do indivíduo. Segundo Coll (1996, p. 52), não existe dúvida de que "o aluno que inicia uma nova aprendizagem escolar o faz a partir dos conceitos, concepções, representações, utilizando-os como instrumentos de leitura e interpretação que condicionam o resultado da aprendizagem".

A assimilação adequada dos conteúdos está intimamente relacionada à capacidade de contradizer as ideias prévias, ao uso de estratégias que, como analisam Oliveira e Chadwick (2001, p. 95), desencadeiam um processo ativo e interativo "para o aprendiz – mesmo quando se tratar de memorização". As capacidades de atenção e da memória voluntária, de planejar e pensar sobre algo, de se preocupar e indagar, não são processos inatos, mas adquiridos nas relações com os outros e internalizados pelo sujeito. Daí a importância da coerência entre teoria e prática no desenvolvimento da proposta educacional e da aprendizagem autônoma e significativa dos conteúdos da Sociologia requisitados no ensino médio, em que as turmas formadas por adolescentes estão despertas para essa fase do desenvolvimento cognitivo.

> As atividades escolares de conhecimento e aprendizagem revelam-se complexas porque ultrapassam os programas estabelecidos e os currículos, uma vez que os sujeitos não são passivos, mas interativos na construção do próprio conhecimento.

Notas

[1] Jean Piaget (1896-1980) nasceu na Suíça e destacou-se como psicólogo e educador, por ter desenvolvido uma psicologia evolutiva, e como filósofo, por sua epistemologia do construtivismo. Contribuiu para as concepções de inteligência e de desenvolvimento cognitivo com sua teoria. Entre seus escritos estão: *O nascimento da inteligência na criança* [1939]; *A epistemologia genética* [1950]; *Da lógica da criança à lógica do adolescente* [1955].

[2] Lev Vygotsky (1896-1934), professor e pesquisador russo que se dedicou à psicologia evolutiva, à educação e à psicopatologia. Contemporâneo de Piaget, entre suas obras encontram-se *Pensamento e linguagem* [1934]; *A formação social da mente* e *A transformação socialista do homem*.

Aprendizagem significativa e construção do conhecimento em Sociologia

> *A natureza naturalmente está em ação até em nossas almas;*
> *um dia percebemos que compreendemos.*
> Gaston Bachelard, *O novo espírito científico*, 1968.

É sabido que quando o aluno aprende a *raciocinar dialeticamente* e domina uma teoria para a interpretação do mundo com seus conceitos fundamentais, que permitem a compreensão histórica e sociológica de fenômenos sociais contemporâneos, ele desenvolve uma inteligência do presente. Essa capacidade possibilita-lhe um maior controle sobre sua própria aprendizagem, mas isso não ocorre a partir de fórmulas ou técnicas, conceitos prontos e descontextualizados. O *conhecer dialético* vale-se da capacidade de relacionar, organizar e sistematizar as informações, além de perceber como as relações apreendidas estruturam a realidade dos acontecimentos sociais. Assim, as atividades de aprendizagem e os objetivos das aulas não podem se resumir à reprodução do conhecimento de forma acadêmica, e sim caminhar para a redescoberta. Nesse sentido, é fundamental assegurar um trabalho de ensino-aprendizagem que seja coerente, bem estruturado e que não fragmente os conteúdos, para que a sua lógica interna estimule o prazer da descoberta, o estabelecer relações, perceber o todo social e as inúmeras manifestações particulares.

Para isso, destacamos não apenas os eixos de conteúdos centrais, mas damos atenção também aos conceitos, cuja formação se inicia bem antes de a criança entrar na escola. O homem vive mais num mundo de conceitos do que de objetos, eventos e situações, afirmam Moreira e Masini (1982), e à escola cabe possibilitar sua ampliação e a reconstrução permanentes, mediante o desenvolvimento dos conteúdos de maneira significativa e duradoura, tendo sempre presente a realidade do aluno sem dispensar suas ilações mais estendidas e históricas.

A realidade não fala por si. Ela se apresenta a partir de "um sistema coerente de teorias e conceitos sociais, sendo experimentada através de um filtro conceitual ou categorial, constituindo o mundo de significados do indivíduo" (Moreira e Masini, 1982, p. 27). São os conceitos que tornam possível a aquisição de ideias abstratas na ausência de experiências empírico-concretas, como acontece na Sociologia.

> Os conceitos e categorias da Sociologia clássica devem ser trabalhados de modo contextualizado – em referência ao período e à sociedade em que foram produzidos – associados à realidade social, cultural, política e econômica do aluno.

As categorias conceituais, que definem e relacionam aspectos da realidade social, "podem ser usadas tanto para dimensionar novas situações como para servir de pontos de ancoragem à assimilação e descoberta de novos conhecimentos" (Moreira e Masini, 1982, p. 28). O objetivo dessa perspectiva é tornar a aprendizagem significativa, não no sentido defendido por correntes pedagógicas que apregoam a aprendizagem só a partir do concreto, do próximo, mas levando em conta que as abstrações são inerentes ao processo de aprendizagem e a criança as realiza desde muito cedo, quando está aprendendo as palavras e a denominação das coisas.

Os conceitos são representações mentais adquiridas e assimiladas sobre a realidade; permitem uma linguagem com significados semelhantes na sociedade e são essenciais para a comunicação entre as pessoas. O aprendizado da Sociologia e de outros saberes escolares só é possível face a essa linguagem com relativa uniformidade de significados. Para a construção de um conhecimento significativo, afirma Bridi (2002, p. 79), "é crucial levar em conta o que os alunos já sabem (detêm conhecimentos anteriores) para a formação dos novos conceitos de forma significativa e contextualizada". Deve-se levar em conta que os conceitos não se formam isoladamente, mas em inter-relação com os dados da realidade dos fatos e processos históricos, sociais, políticos e culturais.

É por meio do contato com outras sociedades, em diferentes tempos e espaços e distintas formas de organização do poder, que o aluno elabora o conceito de política, por exemplo. Mediante descrições e narrações, num primeiro momento, seguidas de outras estratégias tipicamente escolares, como o estabelecimento de relações de semelhanças e diferenças, de causalidade, de espacialidade e de temporalidade, ocorre um aprendizado que direciona o aluno a analisar, compreender e adquirir a noção de processo. Assim, fazer generalizações e sínteses e posicionar-se crítica e criativamente diante das múltiplas realidades sobre as quais se debruça o estudante passam a ser o resultado de um ensino-aprendizagem dialético.

Uma vez que se admite a existência de uma realidade concreta, externa aos indivíduos, a construção do conhecimento deve estar próxima dessa realidade, pois o conhecimento ocorre internamente, na medida em que o aluno tende a criar uma realidade individual, percebendo-a apoiada em valores, crenças e ideias do grupo social do qual faz parte. A organização espiralada dos conteúdos na formulação dos programas precisa ser observada, de modo que o aluno não só adquira e assimile informações, mas reelabore e redimensione os conceitos frente à realidade estudada.

> A apreensão dos conceitos não acontece descolada da realidade, pois são históricos e abertos, possibilitando serem resignificados de modo constante e sempre atualizado (redimensionamento), conforme o conhecimento científico acumulado.

O conceito de classe social, por exemplo, não serve para designar as sociedades em todos os tempos, mas somente a partir do nascimento do capitalismo, por se tratar de uma forma específica de sociedade organizada em determinado período da história. Entretanto, após o seu aparecimento, o significado de classe foi ampliado e redimensionado para abarcar a complexificação da sociedade contemporânea.

A aprendizagem cognitiva que se caracteriza pela integração do conteúdo aprendido numa edificação mental ordenada, própria da teoria de Ausubel (apud Moreira e Masini, 1982), representa todo o conteúdo informacional armazenado e organizado por um indivíduo, em qualquer modalidade do conhecimento. O conteúdo prévio representa um forte influenciador do processo de aprendizagem e novos dados serão assimilados e guardados, de acordo com a qualidade da estrutura cognitiva do aprendiz. Esse conhecimento anterior resultará num ponto de ancoragem, em que as novas informações encontrarão um modo de se integrar àquilo que o indivíduo já conhece.

A experiência cognitiva, porém, não se influencia apenas unilateralmente. Apesar de a estrutura anterior orientar o modo de assimilação de novos dados, estes também influenciam o conteúdo atributivo do conhecimento já armazenado, resultando numa interação evolutiva entre novos e velhos dados, antigas e recentes ideias. Esse processo de associação de informações inter-relacionadas é denominado, por Ausubel, de aprendizagem significativa.

Na aprendizagem mecânica, com pouca ou nenhuma informação prévia, o armazenamento ocorre de maneira aleatória. Em geral, envolve conceitos novos para o aprendiz, mas, no momento em que é assimilada, integra-se a ou cria outras estruturas cognitivas. No caso de conceitos inteiramente novos, a aprendizagem mecânica é necessária e inevitável, mas posteriormente ela se transformará em significativa. Para acelerar esse processo, Ausubel (apud Moreira e Masini, 1982) propõe os organizadores prévios, que são âncoras para manipular a estrutura cognitiva, interligando conceitos aparentemente não relacionáveis através da abstração, ou seja, materiais introdutórios apresentados ao aluno num nível mais alto de abstração fazem a ligação entre os conceitos que ele já possui e os novos que lhe estão sendo apresentados.

Nesse sentido, a essência do processo de aprendizagem significativa está em expressar ideias simbolicamente relacionadas ao que o aluno já sabe, de maneira substantiva e não literal e arbitrária. Esse aspecto relevante pode ser uma imagem, um símbolo, um conceito ou uma proposição significativa.

> "Para a aprendizagem significativa, duas condições devem ser cumpridas. Em primeiro lugar, o conteúdo deve ser potencialmente significativo, tanto do ponto de vista da sua estrutura interna (significatividade lógica: não deve ser arbitrário nem confuso), como do ponto de vista da sua assimilação (significatividade psicológica: na estrutura cognoscitiva do aluno deve haver elementos pertinentes e relacionáveis). Em segundo lugar, deve-se ter uma atitude favorável para aprender/significativamente, ou seja, o aluno deve estar motivado para relacionar o que aprende com o que sabe" (Coll, 1996, p. 54-55).

É preciso que o conteúdo a ser estudado seja relacionável e incorporável à estrutura cognitiva do aluno e esse deve manifestar disposição, estar motivado para relacionar de maneira substantiva o novo conteúdo potencialmente significativo à sua estrutura cognitiva. Daí a importância de explorar o meio, o contexto de vida do aluno. O aprendizado então será significativo, terá valor para ele, não lhe parecerá estranho e distante.

Mesmo em cursos do ensino superior, observa-se que os alunos tendem a aprender melhor quando os conteúdos da Sociologia são de algum modo associados ao seu curso de graduação. Como exemplo, no curso de Enfermagem, quando os alunos estudam classes sociais, mais que aprender o conceito, é importante aprenderem as teorias clássicas, seguidas de uma discussão da relação entre classe e saúde. Isso torna a aprendizagem mais significativa pelo fato de o conteúdo ser apresentado de forma contextualizada, histórica e atinente à realidade com a qual os estudantes irão trabalhar. Nesse sentido, redimensionamos o conceito de aprendizagem significativa de Ausubel, considerando-a também relevante para quem aprende, no *contexto social* em que está inserido.

> A aprendizagem pode adquirir sentido na medida em que o professor busca responder: Por que determinado conteúdo será tratado na disciplina? Qual a sua importância? Como será estudado? O que se espera com este conhecimento? Quando o aluno tem clareza destas questões, a aprendizagem tem mais condições de ocorrer sem resistências.

Para a aprendizagem significativa, a apropriação de conceitos específicos e o estabelecimento de relações entre eles resultam na formação de uma rede conceitual, ou seja, os conceitos ligam-se por semelhança, contiguidade e subordinação. Como analisa Vygotsky (1987), para formar o conceito desenvolvido é necessário abstrair, isolar elementos e examiná-los separadamente da totalidade da experiência concreta de que fazem parte. Na formação de conceitos, é igualmente importante unir e separar; a síntese deve combinar-se com a análise. Exemplificando, a insistência no aprendizado da organização política, econômica, social, cultural das sociedades em diversos tempos cumpre o papel, pela análise das partes, de chegar à compreensão de uma dada realidade e também de fazer o seu inverso: partir do fragmento, da realidade local, do caso e chegar à totalidade, à configuração histórica da sociedade em questão.

Levar o aluno à formação e compreensão dos conceitos fará com que entenda que o momento da conceituação inclui a análise e a síntese, num esforço sistemático e crítico, visando captar a coisa em si e perceber o todo, no momento em que é feita a síntese. O momento da análise é o do aprofundamento do tema em estudo, quando a reprodução do conceito se dá por meio do pensamento. A análise será propiciada pela pesquisa teórica e de campo quando possível, pela exposição dialogada do professor. Mediante a análise chega-se a uma síntese pessoal daquilo que foi estudado.

Pela abstração, diz Garaudy (apud Bridi, 2001 p. 49):

> o sujeito procura deixar de lado o acessório e o contingente e elaborar uma hipótese simplificadora que dê conta de explicar a essência do fenômeno. Em seguida, pela passagem do abstrato ao concreto, são reintroduzidas as mediações e cada vez mais concretamente a realidade é reconstruída para dar conta das aparências.

O aluno pode aprender os conteúdos de Sociologia ou quaisquer outros sem lhes atribuir qualquer significado; é o que acontece quando aprende de uma forma puramente memorizada, em que é capaz de repetir os conteúdos ou de utilizá-los mecanicamente sem entender o que está dizendo ou o que está fazendo. Não é isso que pretendemos para a Sociologia, no ensino médio; ao contrário, propomos uma aprendizagem que tenha relevância real e teórica, social e política.

Quando o aluno é capaz de atribuir significado aos conteúdos, dizemos que ele aprendeu adequadamente. A construção de significados leva em conta o aluno em sua totalidade, e não apenas os seus conhecimentos prévios e sua capacidade para estabelecer relações substantivas entre esses e o novo material de aprendizagem ou entre as diferentes partes do referido material. Os significados que os alunos constroem, no decurso das atividades escolares, correspondem a conteúdos que são, de fato, criações culturais. As informações significativas e estruturadas não são copiadas ou impressas simplesmente na memória, no momento em que o sujeito se apropria de uma informação, mas levam o estudante a reconstruí-las, reinterpretando-as a partir do que já conhece, do padrão cultural, simbólico e linguístico que possui, segundo Flavell e outros (1999).

O conhecimento contextualizado possibilita um saber ativo, em que o próprio aluno encontra novos significados nas situações por ele vividas. Para tanto, é importante que seja desenvolvida, além da habilidade de compreensão do texto, a análise crítica do conteúdo e a sua problematização.

O ato de compreender é codificar na memória, sendo que a construção da aprendizagem de modo significativo possibilita a recuperação e o armazenamento das informações codificadas, associadas com outras que lhe são próximas, familiares, estimulantes. A tese de Flavell e outros (1999, p. 190) mostra que a aprendizagem interfere no comportamento da memória do aluno e, nesse sentido, tornar os conteúdos familiares, significativos e coerentes provoca um efeito substancial sobre o que ele aprende e recorda.

O professor, ao desenvolver os conteúdos curriculares, precisa considerar que o aluno, ao aprender um novo conceito, depende de propriedades existentes na sua estrutura cognitiva e do seu nível de desenvolvimento, "de sua habilidade intelectual, bem como da natureza do conceito em si e do modo como é apresentado", analisam Moreira e Masini (1982, p. 31). As estratégias adotadas são fundamentais para o aprendizado.

Cabe à escola e ao professor auxiliar o aluno a passar das estratégias mais espontâneas – utilizadas em determinada fase de sua vida escolar – para outras experiências que se configurarão como um método de estudo, em que o sujeito passa a ter controle sobre o seu processo de aprendizagem. As estratégias de ensino e aprendizagem, complementadas no capítulo "Estratégias metodológicas e avaliativas", consistem na repetição (com significado), classificação, elaborações e reelaborações, questões reflexivas, debates, seminários, resumos, esquematizações etc. Todo conteúdo deve ser trabalhado de modo concatenado com a experiência de vida, o contexto em que se situa o aluno, nem sempre atento para observar e analisar a realidade em seu entorno.

A retenção na memória e a aprendizagem dependem da forma como a informação foi processada e estruturada. O aluno precisa exercitar a mente para poder reter na memória aquilo que foi aprendido. Oliveira e Chadwick (2001) mostram que a aprendizagem ocorre quando a nova informação é percebida pela atenção e pelo uso dos sentidos. Sendo elaborada e processada na memória ativa, a informação retida é transferida para a memória permanente de um modo mais fácil se está relacionada com conhecimentos anteriores. Esforços intelectuais "são necessários para que essa informação fique armazenada de forma acessível", afirmam Oliveira e Chadwick (2001, p. 88). Os esforços de memória são influenciados pela motivação, por hábitos e estratégias de aprendizagem e, sobretudo, pelos conhecimentos prévios com os quais as informações estão relacionadas. Ensinar e aprender, portanto, não se coadunam com a situação de *tabula rasa*, mas concretizam uma experiência de construção sobre base já existente.

O aluno obtém e armazena as informações na memória mediante processo que envolve a percepção. Recuperar uma informação compreende a fase da busca e avaliação da memória, quando o conhecimento é recuperado na forma de uma resposta simples, que pode também "ser algo extremamente complexo, como uma sequência de operações ou a utilização de um princípio em uma situação familiar nova", destacam Oliveira e Chadwick (2001, p. 88). Uma vez que a utilização do conhecimento armazenado afeta e reforça a aprendizagem, destacamos a necessidade de constantemente exigir método de estudo, organização, compromisso do aluno, ou seja, deve haver cobrança por parte do professor, de maneira coerente e estruturada.

Isso leva o aluno à aquisição e fortalecimento de habilidades e competências importantes para a vida e o crescimento integral, no qual é acionado o *mix* intelectual, pessoal, social e afetivo.

Toda informação aprendida será guardada desde que sua aquisição seja feita de forma correta. Como cada pessoa aprende de modo diferente, é preciso entender como cada um recebe, percebe, estrutura, relaciona, processa e retém as informações. A ressignificação e a reelaboração das informações dependem em parte dos conhecimentos prévios, mas também do interesse pelo que se aprende. Daí a importância de o aluno compreender o significado daquilo que está aprendendo e a sua razão.

A interação entre o conhecimento prévio e o novo conhecimento permite resgatar elementos que servem de ligação para a aprendizagem, aumentando o grau de significação, conforme propõem Oliveira e Chadwick (2001, p. 86): "quanto mais o aluno já sabe de um assunto e se torna proficiente, mais o próprio conteúdo e o desejo de aprender atuam como fatores de motivação intrínseca. Compete ao professor assegurar que o aluno faça essas conexões entre o novo e o já aprendido".

Antes de prosseguirmos, cabe fazermos um esclarecimento quanto à motivação. Muitos professores confundem motivação com estratégias e recursos didáticos utilizados e até mesmo com um ensinamento de maneira lúdica. As estratégias e os recursos didáticos são ferramentas que visam facilitar a aprendizagem, porém não podem ser confundidas com motivação. A Psicologia demonstra que a motivação é um processo interno ao indivíduo e implica desejo e vontade pessoais. Entretanto, sendo a motivação um dos componentes essenciais para que aconteça a aprendizagem, é mister que os alunos encontrem razões suficientes para estudar Sociologia em seu ensino médio. Sem dúvida, está entre uma das razões a exigência dos conhecimentos que englobem essa disciplina para a aprovação em exames vestibulares ou nos exames nacionais do ensino médio, mas isso é pouco diante de sua importância para a formação individual e da consciência social da pessoa.

A realidade do mundo, sobretudo a partir do século XX, tem implicado novos riscos e ameaças à humanidade, embora tenha resultado em forma de pensamento científico pautado na racionalidade técnica, instrumental e disjuntiva, também ensinada na escola. Faz-se necessário eliminar a separação entre o homem e a natureza, entre o efetivo bem-estar do ser humano e das coletividades e o desenvolvimento econômico. Esse último carece de sentido se não estiver voltado para a valorização integral do ser humano.

> A realidade social – produzida e reproduzida constantemente – serve de apelo para a necessidade de reflexão profunda, em todos os níveis da escolarização, sobre o conhecimento e os seus desdobramentos. Reafirmando: a realidade clama por uma inserção crítica dos profissionais de todas as áreas do conhecimento humano.

A educação envolve mais que o desenvolvimento de habilidades, pois a apreensão de conteúdos pura e simplesmente, sem um profundo questionamento sobre o tipo de conhecimento que estamos desenvolvendo, pode resultar em sérios malefícios, contrariando o compromisso com a vida no planeta e outros valores defensores da vida em plenitude. Assim, trabalhar com as habilidades do pensamento é fundamental na disciplina de Sociologia, mas enfatizamos que não podemos olvidar a dimensão da totalidade do homem e da mulher que estamos formando, pois uma das exigências atuais refere-se à responsabilização do sujeito por aquilo que produz, reproduz, consome, distribui e conhece.

A seleção dos conteúdos

Na disciplina de Sociologia, a seleção de conteúdos deve ter relação fecunda com a realidade vivida, caso contrário, perde o seu sentido. Na proposta educativa, o trabalho não é imbuído de qualquer conteúdo, mas daqueles que sejam significativos para os sujeitos socioculturais presentes na escola: o professor, o aluno e a sua realidade mediata e imediata.

O nosso plano de trabalho deve ser coerente, bem fundamentado, intencional, dando conta de questões pedagógicas, didáticas, metodológicas e avaliativas. Como professores, precisamos estar bem informados sobre questões culturais, trabalhistas, políticas e econômicas etc., para que possamos possibilitar aos alunos uma compreensão adequada da realidade e do mundo, sendo essa uma das finalidades da escola, em especial da Sociologia. É importante o professor recuperar a sua condição de intelectual, nos moldes de Gramsci, que diz que todo homem é um intelectual, embora as forças nefastas do mercado tendam a reduzi-lo a um mero burocrata. E mais, os professores teriam que tentar recuperar certa capacidade de agitação social, em busca de uma sociedade mais igualitária, sinaliza Santomé (1997).

> "Educar equivale a socializar os alunos e alunas, a torná-los participantes do legado cultural da sociedade da qual são membros e dos principais objetivos, problemas e peculiaridades do resto da humanidade. A compreensão e a reflexão a respeito do que se trabalha, é óbvio dizer, é imprescindível. Mas, do mesmo modo, é indispensável ter em conta que contribuir para uma compreensão crítica da realidade obriga a assumir que quase todas as matérias e temas têm dimensões controversas, questões sem resolver" (Santomé, 1997, p. 14).

Nesse sentido, a seleção dos conteúdos precisa se pautar pelo compromisso maior com a população, dando-lhe voz e perspectivas. Permitir reflexão sobre a justiça social e a transformação da realidade é compromisso de uma visão de educação que prima pela linha humanística e libertadora e a excelência acadêmica.

Como é impossível estudar o universo das diferentes culturas, dos coletivos sociais – sua produção científica e cultural –, torna-se necessário utilizar alguns critérios para selecionar o que estudar. A educação que se processa na escola deve assegurar que seus membros adquiram experiência social, historicamente acumulada e culturalmente organizada. Mediante suas práticas e ênfases, portanto, a escola é coadjuvante na construção das maneiras de pensar, atuar, perceber e falar sobre a realidade que nos envolve.

> Educar é uma ação política, e não um trabalho meramente técnico.

A educação é, simultaneamente, "uma determinada teoria do conhecimento posta em prática, um ato político e um ato estético", afirmam Freire[1] e Schor (1986, p. 146). Para esses autores, as três dimensões estão juntas em momentos concomitantes: da teoria e da prática, da arte e da política. "Quanto mais o educador perceber essas características do ensino, mais pode melhorar a eficiência da pedagogia. A clareza da natureza necessariamente política e artística da educação fará do professor um político melhor e um artista melhor" (1986, p. 146). No processo de formação do aluno, "fazemos arte e política, quer o saibamos, quer não. Saber que, de fato, o estamos fazendo, irá ajudar-nos a fazê-lo melhor" (1986, p. 146). Isso aponta para a importância de o professor ter consciência do seu ato de ensinar, da dimensão política e estética do trabalho pedagógico.

A análise sociológica sobre a problemática que envolve a escola no presente revela haver uma crise quanto aos conteúdos a serem ensinados. Não se sabe mais o que deve e o que merece ser ensinado, pois a função de transmissão cultural da escola não é identificada. Soma-se a isso o fato de terem emergido, nos anos 1990, discursos pedagógicos de caráter instrumental, cujo objetivo consistia em formar espíritos ágeis, flexíveis, adaptáveis e preparados para as eventualidades. Como lembra Pablo Gentili (1995), a escola também sofreu com o assédio neoliberal e os discursos da qualidade total e a mercantilização da educação.

Na lógica neoliberal, a educação escolar, via classificação e hierarquização, tem como função assegurar aos alunos não somente entrar no mercado de trabalho, como também competir. Tal visão, de certa forma, nega o imperativo da cultura. Existe uma relação orgânica entre educação e cultura, na medida em que a "educação realiza a cultura como memória viva, reativação incessante e sempre ameaçada, fio precário e promessa necessária da continuidade humana", analisa Forquin (1993, p. 14). Atualmente, há uma incompatibilidade estrutural entre o espírito da modernidade e a justificação da educação como tradição e transmissão cultural. A educação tem sido cada vez menos capaz "de encontrar um fundamento e uma legitimação de ordem cultural, porque a própria cultura 'perdeu o seu norte' e se encontra privada das amarras da tradição e da bússola do princípio da autoridade" (1993, p. 16).

A educação pressupõe autoridade e tradição, e o mundo atual não está mais estruturado pela autoridade, tampouco pela tradição. Dessa forma, a educação pode ser vista como estando sem rumo, mas observamos que na continuidade do mundo há necessidade de as novas gerações substituírem as antigas e se reconhecerem numa herança, segundo Forquin (1993), que completa o pensamento: a educação não pode aderir ao efêmero e rejeitar a nossa memória.

> A escola continua sendo o espaço da produção de conhecimentos e aquisição de capacidades cognitivas, sem perder o papel social de transmissão cultural e formação.

A educação escolar não se limita a fazer uma seleção entre os saberes e os materiais disponíveis para desenvolver a ação educativa; sua função é também a de torná-los transmissíveis e assimiláveis pelos estudantes. Para isso, a escola promove um processo de organização e reestruturação do conhecimento, mediante a transposição didática.

Diante da quantidade de informações disponíveis no mundo de hoje, vertentes pedagógicas vêm apontando que a escola precisa reorientar a sua função precípua e promover mudanças. É preciso ir além de simples transmissora de informação. A escola deve levar o indivíduo a compreender o mundo em que vive, ajudando-o a saber e a ter acesso à informação, analisando-a e interpretando-a.

A avalanche de informações – uma das características do mundo atual – levou algumas correntes de pensamento a defenderem que estaríamos vivendo a era do conhecimento e a preverem o fim da escola. No entanto, torna-se premente considerar o tipo de informação circulante e o fato de as informações serem controladas por poucos e pequenos grupos, no Brasil e no mundo. A análise das informações a que a maioria das pessoas tem acesso permite dizer que elas são fragmentadas, tendendo a manipular mais do que informar a sociedade. As informações proporcionam visões de mundo estereotipadas e legitimadoras das causas das classes dominantes, imprimem certa "naturalização" a fenômenos que são de ordem eminentemente social e contribuem para manter as desigualdades na sociedade.

Há uma desconstrução de valores instituídos pela humanidade para se evitar a barbárie, em parte como decorrência da forma como são passadas as informações e de seu conteúdo. Valores esses que devem ser objetos de reflexão na escola. Para levar o aluno a uma análise crítica das informações, a escola precisa selecionar os conteúdos e transmitir outros valores, outras visões de mundo, ajudando o aluno a estabelecer conexões, conjeturas e a perceber evidências, isto é, a distinguir o real daquilo que foi produzido sobre o real, a ficção da realidade. Isso exige informações e análises capazes de fornecer ao aluno uma visão de totalidade sobre os fenômenos sociais estudados.

Ao contrário, portanto, da tese do fim da escola, as novas mídias trazem desafios para a escola, como o fato de promoverem com urgência a alfabetização midiática e digital, sem a qual se enraízam novos fossos sociais.

A observação empírica da realidade mostra que as informações estão mais acessíveis do ponto de vista material, mas não são necessariamente refletidas pelos alunos. O acesso à internet é apontado com grande entusiasmo como a via que possibilita maior democratização do conhecimento, todavia, de acordo com Mooney (2002), aproximadamente 80% do material disponível e dos programas são em língua inglesa, sendo que apenas 5% da população mundial têm o inglês como primeira língua. Além disso, a utilização adequada da rede (internet) exige certa competência acadêmica, além de, na maior parte do tempo, sua utilização ocorrer nos espaços de "bate-papo" ou ser destinada à cópia de textos para os trabalhos escolares, pois é possível imprimir todo o conteúdo que há na internet. Trata-se de uma fonte que, como qualquer outra, precisa ser bem selecionada.

As informações fragmentadas muitas vezes não se coadunam com um conhecimento que se pretende científico. Portanto, a escola mantém o papel de trabalhar com o conhecimento, não como mera transmissora – papel esse criticado há tempo –, mas como espaço de construção e reconstrução de parcelas do conhecimento produzidas pela humanidade; parcelas apenas, por ser pretensão, escola e professores darem conta da gama de saberes.

Se a realidade é complexa, entendê-la é uma das finalidades da escola, que não pode trabalhar com conteúdos justapostos, estanques e sem significação. A escola deve favorecer ao aluno a aquisição de capacidades como: autonomia, criatividade, formulação e resolução de problemas, diagnóstico, análise e avaliação de situações, experiências e informações de diferentes fontes e disciplinas, além da integração que favorece a síntese de ideias, a tomada de decisões e a comunicação interpessoal.

Diante das rápidas e constantes transformações do mundo atual, torna-se mais difícil trabalhar numa perspectiva de transmissão e conservação de conhecimento, porque há pressões externas à escola que insistem em querer lhe dar outro caráter. Dentre essas, a pressão para que atenda às demandas de mercado, às exigências econômicas, que tendem a subtrair-lhe o papel da formação humana. É preciso, portanto, pensar sobre o tipo de sociedade que queremos.

> A escola desempenha importante papel no processo de reconstrução do espaço público, de preparação para o exercício da cidadania, de retomada de valores e atitudes de solidariedade, justiça e igualdade.

Para isso é imprescindível termos a inserção crítica do educador e do educando, na realidade social, em contraposição à inserção alienante, proporcionando-lhes meios para a assimilação de conhecimentos que contribuirão para que essas transformações ocorram de modo mais constante. No processo de conhecimento da realidade, importa não a crítica pela crítica, o conhecimento pelo conhecimento, mas o conhecimento crítico, capaz de alterar e transformar a realidade anterior, no plano do conhecimento e no plano histórico-social. Nesse sentido, o diálogo problematizador constitui-se elemento permanente no desenvolvimento do trabalho.

As tarefas do professor e o processo de construção do conhecimento

> É necessário retomar a perspectiva do professor pesquisador, que olha para sua prática, faz perguntas, não se fecha para as questões, pensa, reformula sua ação pedagógica, constrói a sua metodologia e permite aos alunos alçarem voos, na busca de conhecimento e do pensar autônomo.

É necessário que o professor possa criar. Para isso é preciso que participe e usufrua de uma cultura escolar e essa possibilite e incentive a inovação, a reflexão, a formação permanente e, fundamentalmente, a sua construção como sujeito reflexivo e capaz de discernimento. A palavra-chave é autonomia de trabalho, pois sem ela não há criação, nem inovação, tampouco verdadeira interação com o aluno. O magistério é uma das poucas profissões em que não é possível uma racionalização do trabalho, tal como aconteceu nas linhas de produção fordista das empresas. Isso porque o professor planeja as aulas, aplica o seu planejamento, realiza avaliação e ajustes, realimenta o processo e estabelece novas trajetórias. Existem, infelizmente, escolas nas quais a tarefa do professor é simplesmente ministrar o conteúdo, enquanto elaborar provas, corrigir e avaliar são tarefas de terceiros.

Como apresentamos, a teoria mostra que a estrutura do conhecimento é fundamentada nas relações. Determinados conteúdos transformam-se em saber pelas relações que o compõem, aquelas que o aprendiz estabelece com as informações. Conhecer é ter capacidade de estruturar, relacionar, organizar, sistematizar as informações e perceber como essas relações estruturam a realidade, levando as atividades de aprendizagem e os objetivos das aulas a não se resumirem à reprodução de conhecimentos, de forma a memorizar para depois repetir. Conhecer é, portanto, abrir caminho para a redescoberta, a redefinição de conceitos, ideias e representações que elaboramos sobre a realidade.

Desenvolver dialeticamente a ação pedagógica significa construir o conhecimento numa relação de interação professor, aluno, objeto e realidade. Não é uma tarefa fácil, por não se apresentar gratuitamente na ação de ensino-aprendizagem. Há que construí-la a partir do envolvimento do professor e do aluno. Ao professor não cabe fazer para/pelo aluno, mas ser mediador na relação educando e objeto de conhecimento, a realidade social, na Sociologia.

> O professor conduzirá o aluno a analisar e a sintetizar conteúdos para vencer a visão fragmentada, parcial, sincrética e fundada no senso comum com que o objeto de conhecimento se apresenta. Chegarão juntos ao conhecimento mais elaborado.

Partindo do pressuposto que conhecer é estabelecer relações entre as informações, entre as múltiplas dimensões da realidade e suas teorias explicativas, não basta reter informações se não soubermos operá-las, estruturá-las e relacioná-las. Isso depende e necessita ser conquistado pelo estudante.

O processo de construção do conhecimento ocorre pelo confronto de informações e conteúdos. Quanto maior for o número de informações, mais diversificadas serão as experiências, os fatos, as situações e as vivências que o aluno terá, maiores serão as possibilidades de perceber e promover relações e uma elaboração mais crítica desse saber.

O confronto, o conflito, a complexidade, as sínteses sempre provisórias fazem parte essencial do processo de construção da aprendizagem.

Portanto, quais são as tarefas básicas do professor ao desenvolver a disciplina de Sociologia e o seu planejamento semanal das aulas? O professor deverá se questionar sempre: Que tipo de reação a minha atuação vai provocar? Quais são as operações mentais que estarei acionando e exigindo? As do tipo inferior – recordação, reconhecimento, associação – ou operações mentais de outro nível – comparação, levantamento de hipótese, crítica, resumo, interpretação, solução de problemas, decisão, entre outras? Na *abordagem dialética*, em sala de aula, é a atividade pedagógica de alto grau de interação que possibilita os processos mentais superiores. Na educação tradicional, a atividade do educando que é valorizada está restrita à cópia, à reprodução, à imitação, à repetição e ao exercício mecânico. É preciso superar essa condição diante da complexidade da realidade contemporânea.

Entre os objetivos da Sociologia, estão os de levar os alunos a:

– verbalizar e escrever sobre os conteúdos estudados, utilizando-os para entender ou explicar sua realidade, os fenômenos sociais, políticos, culturais, econômicos;
– situarem-se criticamente diante de alguma notícia das diversas mídias: impressa, televisiva e da internet.

Para exame de uma determinada realidade social, a partir dos elementos levantados, espera-se que os alunos:

– façam, em sala de aula, um trabalho de reflexão, fruto de sua experiência, observação e discussão das informações, dos dados e das leituras realizadas;
– expressem suas ideias e reflexões, estabeleçam relações entre os conteúdos e avancem além do analisado em classe;

- passem da oralidade à escrita, da discussão coletiva a um posicionamento crítico e pessoal;
- possam ler e confrontar, num passo seguinte, as diferentes reflexões, inferindo, concluindo e avançando nas temáticas estudadas.

Os alunos agregam às suas vidas valores e explicações passados nas salas de aula. É nossa função, portanto, fornecer estímulos ou significados que farão os alunos lembrarem, posicionarem-se quanto aos fatos, eventos históricos, imagens, processos da realidade social, política, econômica e cultural. Não podemos silenciá-los.

Nota

[1] Paulo Freire (1921-1997), educador e pedagogo brasileiro, conhecido internacionalmente pela sua atividade e produção inovadora em educação popular e formação da consciência. Perseguido pelo regime ditatorial militar, esteve em universidades estrangeiras, desenvolvendo a Pedagogia Crítica. São mostras de suas obras: *Educação como prática da liberdade* [1967] e *Pedagogia do oprimido* [1970].

PARTE III
TEMPO DE MUDANÇAS E MUDANÇAS NA ESCOLA: A DIALÉTICA POR METODOLOGIA

> *Não se pode compreender e explicar dialeticamente a sociedade capitalista sem colocar em interação estrutura e história.*
>
> Florestan Fernandes, prefácio ao livro de José A. Moisés, *Greve de massa e crise política*, 1978.

O papel da escola e da Sociologia em tempo de incertezas

Não pode ser de outro jeito. Devemos percorrer novamente as etapas pelas quais passou o pensamento social no princípio da sociedade industrial: a consciência da crise.
Alain Touraine, *Cartas a uma jovem socióloga*, 1976.

A escola é uma criação histórica e não universal. É uma realização das sociedades letradas, como destaca Oliveira (1999). Ao lançarmos um rápido olhar sobre a escola, é possível concluir que sempre esteve ligada a contextos históricos vividos pelos homens e que se transformou na medida em que tais contextos se modificaram. Não é propósito deste livro analisar o papel da escola ao longo da história da humanidade, mas lembrar que, com o advento do capitalismo, observou-se a dicotomização entre ensino e pesquisa.

No passado, o sábio era o professor que produzia saber e falava sobre o que produzia. A escola era o local onde as pessoas pensavam, perguntavam, testavam, discutiam, elaboravam. Com as transformações econômicas, políticas e culturais ocorreu uma separação entre os doutos – tornados únicos produtores de conhecimento – e os professores que se tornaram meros repassadores de informações e de teorias nascidas e testadas nas universidades. Essa perda de identidade e de papel do professor é perceptível historicamente. A escola distanciou-se da sua função social de ser espaço de aprendizagem e de construção do conhecimento, quando o professor tornou-se transmissor de lições e de modelos construídos por especialistas. Na medida em que passou a trabalhar com conteúdos sem significação para o aluno e tampouco para si, restou ao aluno copiar e repetir sem entender e ao professor copiar e repassar.

Na Antiguidade, a utilização de problemas em Matemática era valorizada porque ajudava a pensar. No século xx, foi desprezada e perdeu espaço nos currículos escolares. Assim, durante muito tempo, a Matemática consistiu num conjunto de processos a serem aprendidos, isto é, decorados os passos para a resolução de exercícios. O aluno aprendia o modelo, aplicava-o e repetia para não esquecê-lo. Os exercícios eram repetições intermináveis e sem contexto. Nos últimos trinta anos, tem sido enfatizado que é preciso voltar a resolver problemas em Matemática não apenas para que o aluno use a cabeça, mas para que mediante a resolução deles possa constituir seus conceitos matemáticos (Sztajn, 1997).

Isso aconteceu com a Matemática e com os saberes de diversas áreas do conhecimento. No ensino da língua materna, por exemplo, enfatizava-se o domínio do código em si sem significado para o aluno, porque descolado de contextos culturais; daí as famosas lições das cartilhas nas quais constavam frases como "O boi baba", "A Eva viu a uva", enfim um ensino voltado para o treinamento das letras e sílabas. Era como se ler e escrever fossem apenas codificação e decodificação. Guardadas as diferenças, a mesma situação pode ser aplicada a um ensino da Sociologia que se fixa somente nas teorias clássicas ou contemporâneas, em definições de sociedade, grupos, interação, instituições e outras conceituações que circulam nos manuais de modo descontextualizado, desvinculadas da realidade e de significação para quem aprende e para quem ensina.

As mudanças no mundo moderno são tantas e tamanhas que têm obrigado a escola a se repensar, inclusive quanto ao seu jeito de ensinar e o que ensinar. A desintegração social, que nos bate à porta, recoloca a importância da formação integral, intelectual e política, que preserve o compromisso com a vida e os valores humanistas. Trata-se de uma necessidade histórica, embora isso não signifique acreditar na escola como salvadora ou redentora dos homens, visto que um conjunto de fatores, para além do alcance da escola, interfere de modo a não ser ela a única responsabilizada pela atual ordem de coisas que vivemos. Nesse sentido, a construção social e discursiva da juventude não está limitada ao processo de escolarização. Há a influência "dos meios de comunicação de massa, do 'rock' e da cultura da droga", como afirmam Green e Bigum (1995, p. 210), mas também das ideologias, das políticas sociais e econômicas e do individualismo posto em seu cotidiano. Isso reafirma a importância da análise de contexto histórico, da realidade local-global, mediata e imediata, devendo perpassar toda a ação escolar e o ensino da Sociologia.

Sabemos que a educação e o conhecimento por si só não humanizam, no sentido exato da palavra. Basta observarmos as previsões alarmantes de ambientalistas, cientistas, pesquisadores e políticos sobre o futuro do nosso planeta, não somente quanto à exaustão dos recursos naturais – que se acreditavam inesgotáveis –, como ainda no que se refere às possibilidades reais de epidemias, guerras e desintegração social. Tais riscos e ameaças resultaram de certo tipo de conhecimento desenvolvido nas sociedades ocidentais e retransmitido em todos os níveis de escolarização. Em nome da ciência e de um conhecimento pretensamente neutro, muitos absurdos foram cometidos, num ensino descomprometido com o futuro das gerações. Daí a importância de se refletir a vida na escola, não devendo essa ser somente um espaço de conquistas intelectuais, mas ter em vista a formação de sujeitos atuantes, críticos e responsáveis pelo conhecimento e seus resultados.

Um olhar acurado sobre a presente realidade indica a necessidade de avaliar e agir em função da dimensão das mudanças, que envolvem a escola e seus projetos educacionais. As conquistas tecnológicas, em todas as áreas, as transformações nas comunicações e a ampliação dos mecanismos que permitem o acesso à informação, a transitoriedade do próprio conhecimento, devido às novas descobertas, exigem da escola uma constante atualização de cada disciplina. E, principalmente, uma leitura constante e crítica da realidade, tendo em mente o tipo de homem e de mulher, de cidadão e de cidadã que pretendemos formar. É premente que os alunos se tornem leitores da realidade. Nesse sentido, a escola encontra-se desafiada a ir além do ato de somente transmitir informações, pois outros meios repassam informações de maneira eficiente e até mais atrativa do que ela. A escola está incitada a desenvolver conteúdos que sejam significativos para os sujeitos envolvidos no processo educacional e se estendam no valor à vida de toda a humanidade.

Não há, porém, igualdade de condições para se produzir, acessar e dispor do conhecimento. O uso do computador, da internet, da televisão e de outras mídias não leva à obsolescência da escola e do professor. Vale destacar que, para fazer uso desses mecanismos, é preciso desenvolver competências e habilidades que só a escolarização com qualidade pode permitir. Além disso, é importante considerar outros dados fundamentais referentes às informações que circulam, quem as controla e quais as limitações ao seu acesso e à sua efetiva utilização. Embora as pessoas não sejam receptáculos passivos de ideologias e das mensagens transmitidas pela mídia, como afirma Castells (2000, p. 361), essas não são neutras e podemos situar o seu poder no fato de armarem "o palco para todos os processos que se pretendem comunicar à sociedade em geral, de política a negócios, inclusive esportes e arte" e ainda modelarem a linguagem. Há discordâncias quanto ao alcance da sujeição dos indivíduos à televisão e seus programas e também aos jogos eletrônicos virtuais, no entanto, é inegável a influência que exercem na cultura e as mudanças que as inovações no âmbito das comunicações provocam nos indivíduos e na sociedade.

Além das aprendizagens tradicionais, é função da escola levar os alunos a analisarem criticamente as informações e suas mídias. Para isso, o currículo escolar deve perseguir um pensamento crítico e a construção de sujeitos autônomos, de modo que os alunos sejam capazes de estabelecer conexões e conjeturas, perceber evidências, separar ficção da realidade e identificar as estratégias de manipulação da sociedade contemporânea, em seu estímulo à exacerbação do consumismo. Tudo isso exige informações, análises, conhecimentos e metodologias adequadas que levem o aluno a ter uma visão de totalidade sobre os fenômenos sociais estudados.

Num passado recente, a escola detinha a nobre função de promover a equalização social e de possibilitar ascensão às pessoas mediante a sua inserção no mercado de trabalho, do acesso ao conhecimento historicamente acumulado pela humanidade. Numa sociedade capitalista e globalizada, nos moldes neoliberais vigentes nas últimas quatro décadas, entretanto, inexiste espaço para a maioria, prevalecendo uma espécie de *darwinismo social*. A redução dos postos de trabalho e do emprego estável leva a escola a novos desafios e questionamentos quanto ao seu papel. A escolarização, enquanto estratégia global que permite o acesso a funções sociais cobiçadas no mercado de trabalho, mostra-se insuficiente e estudos na área da Sociologia do Trabalho apontam que a qualificação por si não mais garante emprego e renda satisfatória.

A análise dos pesquisadores Green e Bigun (1995) sugere que as novas tecnologias têm levado à emergência de um novo tipo de estudante, com novas necessidades e capacidades, que desafiam a escola quanto ao seu papel na sociedade atual e quanto à maneira de promover a aprendizagem para que esta seja efetivamente significativa para a juventude.

O conjunto das transformações nos níveis socioeconômico, cultural e ideológico tem acelerado o declínio da esfera pública e o consequente retraimento para a vida privada. Cada vez mais as pessoas se fecham em ruas, quarteirões, shoppings centers, condomínios, privatizando o que historicamente se constituíra como espaço público (Rago, 1993; Sennett, 1995). Tais mudanças refletem-se na construção do indivíduo. Para muitas crianças, a escola se constitui no principal lugar onde haja oportunidade do relacionamento com outros e a vivência no espaço público.

A Antropologia mostra que a construção do indivíduo ocorre na relação com o outro, no estranhamento e/ou espelhamento no outro. Dayrell (1992, p. 2) afirma serem "as relações sociais que verdadeiramente educam, isto é, formam, produzem indivíduos em suas realidades singulares e mais profundas" e, nesse sentido, a educação é um amplo processo de produção do ser humano num determinado contexto histórico. Nessa perspectiva, podemos compreender a importância da escola nestes tempos de anunciada crise da modernidade, porque se configura no espaço público por excelência, para o qual convergem sujeitos com diferentes interesses e visões de mundo.

> Nos termos de Dayrell (1996), a sala de aula é o lugar de encontro de sujeitos socioculturais, o professor e o aluno, sem esquecer que esse é sujeito que vem para a escola com conhecimentos prévios.

Os estudantes chegam à escola marcados pela *diversidade cultural* donde procedem. São eles portadores de "desenvolvimentos cognitivo, afetivo e social, evidentemente desiguais, em virtude da quantidade e qualidade de suas experiências e relações sociais, prévias e paralelas à escola", segundo Dayrell (1996, p. 140), para quem o tratamento uniforme que a escola possa oferecer aos alunos consagra a desigualdade e as injustiças de suas origens sociais.

Cabe à escola "garantir a igualdade e assegurar as diferenças", afirma Kramer (1995, p. 66), na medida em que ensina o respeito ao diferente, àquele que não compartilha das mesmas orientações dos grupos considerados dominantes. A perspectiva multicultural deve fazer parte do projeto da escola, pois aí o aluno convive com a diversidade e aprende com ela, reforça Kramer (1995). Uma educação voltada para a cidadania e ocupada com a formação e resgate de valores caros à humanidade deve necessariamente levar em conta a diversidade cultural existente. Observam-se em sala de aula preconceitos e estereótipos criados também com a ajuda da mídia, que redundam na pouca tolerância com relação ao outro e ao diferente, presente muitas vezes na própria relação com os colegas. Torna-se importante refletir com os alunos a distância entre a teoria e a prática social, entre os discursos que reproduzimos e o quanto deles não se efetiva no convívio.

Apesar de parecerem fora de época, os valores que visam à emancipação humana e aqueles temas da Revolução Francesa (1789) – liberdade, fraternidade e igualdade – precisam fazer parte do projeto da escola na atualidade. Isso implica democratização do ensino, possibilidade de acesso ao saber e uma concepção curricular capaz de levar em consideração o caráter pluriétnico e pluricultural de nossa sociedade, como defendem Gonçalves e Silva (1998).

Pela análise da realidade brasileira, conclui-se que a lei não é suficiente para constituir uma sociedade justa. Basta lembrar que a discriminação é crime desde a Constituição de 1988 e nem por isso os direitos de todos são respeitados, sem contar que o racismo e o preconceito são construções históricas que ainda precisam ser desconstruídas por meio da educação e da formação humana. A reflexão e a análise de tais questões devem ocorrer via conteúdos desenvolvidos pela escola, e a Sociologia dispõe de instrumental adequado para o seu tratamento.

O conhecimento acumulado e a própria dimensão do "para quê?" devem estar presentes e nortear a proposta da escola e do professor ao ensinar Sociologia. Por sua vez, os conteúdos trabalhados são meios e não encerram um fim em si mesmo, por isso o projeto educativo deve ser significativo para os sujeitos envolvidos, principalmente para o que se busca em relação à humanidade.

Ao objetivarmos a formação integral da pessoa, insistimos na função socializadora da escola, na formação de sujeitos críticos, autônomos e atuantes no exercício de uma cidadania responsável, não dissociando escola e vida, vida e conhecimento, homem e natureza. A escola pode proporcionar os meios e instrumentais teóricos que possibilitem ao aluno do ensino médio exercer a reflexão sobre a realidade e a sua compreensão, a partir de uma perspectiva interdisciplinar. No aprendizado sociológico, esse aprender a olhar o entorno é essencial.

A dialética mostra-se um caminho consistente, usado por professor e aluno para que a inserção crítica seja parte integrante da escola, permitindo uma apreensão radical da realidade, no sentido de ir, à razão dos acontecimentos, à raiz dos fenômenos. Importa nesse processo de conhecimento não a crítica vazia, mas a que visa promover mudanças. Isso exige intencionalidade (projeto), informação (conteúdos como meio), mobilização (ações, vivência cotidiana) e a busca de uma sociedade melhor para todos.

A escola, no que se refere às macro e microtransformações sociais, precisa repensar constantemente o seu papel e orientar as suas ações de modo a possibilitar a ampliação das experiências e da aprendizagem, a fim de propiciar ao sujeito a construção de suas estruturas intelectuais. Para tal, é preciso ir além do que o aluno conhece, pois cabe à escola ser promotora de desenvolvimento e de aprendizagem.

O momento histórico de intensas mudanças sociais tem exigido mais da escola na contemporaneidade – constituir-se em espaço que possibilite a construção da pessoa, já que o homem se humaniza através das relações sociais das quais participa concretamente. A consciência da individualidade construída em uma experiência cultural específica favorece a elaboração de um projeto de vida, pois, como afirma Velho, citado por Dayrell (1996, p. 145):

> quanto mais exposto estiver o ator a experiências diversificadas, quanto mais tiver que dar conta do *ethos* e visões de mundo contrastantes, quanto menos fechada for sua rede de relações ao nível de seu cotidiano, mais marcada será a sua autopercepção de individualidade singular.

A escola contribui para que os sujeitos construam os seus projetos de vida, recuperem horizontes, na medida em que os ajuda a pensar sua realidade, a desnaturalizar o que é eminentemente social e fruto de políticas constituídas e adotadas pelos homens. Toda vivência escolar deve visar à formação humana ampla, através do compartilhamento de experiências culturais significativas e democráticas.

É importante partir do prisma de que professores e alunos constituem sujeitos socioculturais e, no caso da escola, mediante relações sociais e experiências dentro da sala de aula, estão construindo conhecimento, não como um fim em si mesmo e desvinculado da vida, mas de forma fecunda e interligando-se com a realidade concreta. Esse processo não ocorre de maneira passiva, requer participação, envolvimento efetivo com a dialética do ensino-aprendizagem. Tanto o professor – na elaboração do seu projeto de educação – quanto o aluno não são receptáculos ocos, interagem e constroem individual e coletivamente o seu conhecimento.

A escola é hoje desafiada a ajudar o aluno a analisar os fenômenos sociais e o que foi produzido sobre os mesmos, bem como as ideologias justificadoras da *desigualdade social*. Esse exercício de descoberta das contradições sociais e do papel dos opostos implica refletir, discutir, analisar sistemática e intencionalmente tais questões, para construir e propor alternativas.

Não só a disciplina de Sociologia, mas especialmente ela, possibilita o estudo da diversidade dos povos, por ser compromisso da educação trabalhar a multiplicidade de culturas e visões de mundo como atitude de respeito ao outro, desnaturalizando os lugares sociais ocupados. O *processo de desnaturalização*, exercitado pela Sociologia crítica, ultrapassa o nível da curiosidade científica, esclarece e alça à distinção de conhecimento para a vida cidadã os conteúdos selecionados, para fazer falar os que não têm voz e refletir sobre a cultura midiática. Esse desconstruir conhecimento com características de saber dominante implica que os sujeitos envolvidos no processo educativo se reconheçam na diversidade, bem como na sociedade brasileira. Toda e qualquer intermediação sob perspectiva da homogeneização cultural é impeditiva da democracia como plano de vida política e ambiente educacional.

Embora saibamos que a escola reflete uma sociedade que mercantiliza as relações sociais, a saúde, a educação, os sentimentos, as emoções, tornando-os objeto de consumo, inclusive o conhecimento e a escola travestidos muitas vezes de empreendimento comercial, insistimos na necessidade de o professor ter consciência da sua ação educativa nos planos político, ideológico, cultural e social. Isso exige que o professor pense, planeje e execute a ação educativa; enfim, seja sujeito desse importante processo histórico de ensinar e aprender.

> Torna-se premente nos dias atuais retomar a ideia do professor-pesquisador, aquele que olha de forma crítica para a sua prática e visões do mundo, da ciência, do homem e da educação e dispõe-se a mudar.

Como um pesquisador, o professor faz perguntas, levanta questões, reformula a sua prática e constrói a sua metodologia, permitindo aos alunos alçarem voos na busca do conhecimento. Esse é um dos grandes desafios para a escola – especialmente importante no contexto das grandes transformações, possibilitadas pela chamada terceira revolução tecnológica e pelo significado social que o avanço da infotecnologia tem trazido para a sociedade. Os diversos meios de comunicação – mídia de massa, cinema, multimídia – quando objetivam informar, realizam-no de maneira mais sedutora e atrativa do que a escola, por se utilizarem de recursos que veiculam as informações como espetáculo.

Em função das chamadas tecnologias de inteligência e da revolução da informática, têm sido vislumbradas novas maneiras de pensar, de escrever, de ler – faz-se hoje leituras do mundo a partir de múltiplos recursos. Essas tecnologias trazem mudanças nas visões de mundo dos seus usuários, na percepção do espaço e das temporalidades e possibilitam o relacionamento mais intenso com diferentes segmentos sociais e ideias. Ao mesmo tempo em que isolam os indivíduos no plano físico, as novas tecnologias modificam os circuitos de comunicação e decisão, constituindo-se na realidade de parcelas significativas dos alunos de ensino médio.

As observações empíricas sobre o esforço das escolas para equiparem-se e acompanharem o processo de informatização do ensino-aprendizagem e do crescente número de domicílios com acesso ao computador revelam: a) as novas tecnologias não tornam obsoletas as formas convencionais de escrita e leitura; b) a capacidade de seleção e análise das fontes continua sendo fundamental para o processo de conhecimento; c) o fato de que os alunos, ao utilizarem cotidianamente o computador, sabem utilizá-lo como ferramenta potencializadora de informações e do conhecimento.

Diante dessas constatações, afirmamos que continua a ser exigência curricular: a releitura e interpretação de textos, a reconstrução e a não cópia, a escrita com clareza e consistência, a contextualização dos fenômenos estudados, a capacidade de operar as informações. Essa nova realidade requer da escola a realização de novas alfabetizações – midiática, informacional, visual – sem abdicar do seu papel histórico, da socialização dos conhecimentos acumulados pela humanidade.

Considerando a impossibilidade de estudar todas as sociedades, torna-se necessário utilizar critérios para selecionar os conteúdos – objeto de atenção. Nesse aspecto, a seleção de um programa curricular e a adoção de estratégias devem ter como perspectiva a relação estreita com a realidade, com o objetivo de desenvolver uma aprendizagem com significado para os sujeitos que frequentam a escola e, indiretamente, aqueles que estão fora dela. Para isso, a escola e os professores devem selecionar conteúdos que ajudem a desvelar a realidade múltipla e complexa, guardando o compromisso com as classes dominadas com vistas a desfazer preconceitos e a atenuar as diversas formas de discriminação social.

Outro desafio para a escola é possibilitar uma educação humanística, científica e técnica para uma sociedade pluralista. Com esse objetivo, a escola precisa estimular e favorecer uma maior atenção às suas condições e processos de construção do conhecimento, levar em conta os diferentes pontos de vista e visões dos grupos culturais e pensar sobre o tipo de sociedade na qual queremos viver.

> Trabalhar com um conhecimento mais totalizante e menos fragmentário – o que não quer dizer absoluto – exige que a escola saiba distinguir os saberes que os alunos adquirem de modo informal e aqueles que aprendem na escola. Significa alertá-los para o seu entorno.

Nos Parâmetros Curriculares Nacionais (1998, p. 33) consta que a aprendizagem que o aluno realiza "fundamenta a construção e reconstrução de seus valores e práticas cotidianas e as suas experiências sociais e culturais. É o que o sensibiliza, que molda a sua identidade. É o que provoca conflitos e dúvidas que o estimula a distinguir, explicar e dar sentido para o presente, o passado e o futuro". A escola é um dos espaços que possibilitam reflexão e avaliação sobre as transformações da sociedade e, juntamente com a sua missão formadora, cabe-lhe preservar e resgatar *valores civilizatórios*. Não se trata de encarar a escola como redentora ou terapêutica, essa não é sua função. Não compete à escola também ser mera reprodutora do sistema, à mercê das forças de mercado, mas se constituir num agente de transformação, impulsionando as crianças, os adolescentes e os jovens a caminhar na contramão da política da indiferença, do individualismo e da retração da noção do público. Como observou Berman (1986), encontramo-nos hoje em meio a uma era moderna, que perdeu o contato com as raízes de sua própria modernidade.

A indisciplina na sala de aula: uma interpretação

Se a história ainda está sendo feita em medida inaceitável pelos outros, então o problema está em passarmos a fazê-la mais decisivamente nós mesmos.

Leandro Konder, *O que é dialética*, 1981.

Uma das questões de relevância com que o professor se defronta no cotidiano do seu trabalho é a indisciplina em sala de aula. Na contemporaneidade, a indisciplina vem se tornando desafiadora para a escola, na medida em que é disseminada a noção de que a escolarização não é mais suficiente para garantir com qualidade a inserção no mercado de trabalho e, também, pelo agravamento do fenômeno de segmentos populacionais à margem da sociedade. A escassez de sonhos que ultrapassem a lógica do consumo, a falta ou a pouca perspectiva de futuro para os jovens contribuem para a multiplicação de situações de indisciplina.

A observação da *realidade empírica* mostra que a indisciplina é comum na escola, ameaçando quem nela trabalha e a própria sociedade, que tem sofrido o aumento da violência, uma vez que esta não se restringe a um grupo social, mas se encontra disseminada pelo tecido social.

Partilhamos da concepção de Yves Michaud (1989) sobre violência: existe violência quando, em "situações de interação, um ou vários atores agem de maneira direta ou indireta, maciça ou esparsa, e suas ações causam danos a uma ou mais pessoas". Os danos podem ser de distintas ordens: física ou moral, nas posses, nas participações simbólicas e culturais. As relações sociais têm veiculado estados ou atos violentos direta ou indiretamente, de forma maciça como é o caso das guerras, repressões militares organizadas etc., ou esparsa, como a fome, a mortalidade infantil, a falta de emprego, entre outros exemplos. Essa visão vai além da concepção tradicional de violência vinculada apenas a danos físicos. A violência simbólica está presente em situações em que emerge a discriminação devido à cor, ao credo, à etnia, à religião. Constitui violência, ainda, a exclusão social ou política, a injustiça, a precarização das relações de trabalho e a própria exploração exercida por uma minoria sobre a maioria da população, a dominação das classes, a submissão dos povos, a pilhagem da natureza. Enfim, é violência tudo que fere a dignidade humana.

A escola não está isolada da sociedade, ao contrário, nela estão refletidas as grandes questões sociais como o desemprego, a pobreza, a desigualdade social, os dramas familiares. Toda a ordem social e cultural é trazida para o seu interior pelos sujeitos de estudo e trabalho. Verifica-se na escola – espaço público por excelência, dada a sua essência coletiva e socializadora de saberes – que as relações entre os indivíduos em situações cotidianas são marcadas por atos de indisciplina, de desrespeito aos colegas, aos professores e à própria instituição. As situações que se configuram como indisciplina encontram-se imbricadas com as transformações aceleradas nas várias esferas da vida humana, tornando-se marcantes, nas últimas três décadas.

Na visão de La Taille (1996, p. 13), na sala de aula, a indisciplina é uma decorrência do enfraquecimento do vínculo entre moralidade e sentimento de vergonha, que é "no seu grau zero, o sentimento de ser objeto da percepção de outrem; na sua forma mais elaborada, tal percepção é associada a valores positivos e negativos, sendo a vergonha relacionada àqueles negativos". Prossegue o autor, "uma pessoa sem vergonha é justamente alguém que, por um lado ignora e despreza o juízo dos outros (não reconhece o controle externo) e, por outro, não considera condenável, aviltante, cometer certos atos condenados pela moral" (1996, p. 16).

Se, com poucos valores morais, o aluno diante de atos que se traduzem pelo desrespeito ao outro, por exemplo, não sente vergonha ou orgulho, o olhar reprovador do professor não surtirá efeito, pois o indivíduo centrado no seu eu não admite que alguém possa condenar o seu comportamento e mesmo propor o trabalho árduo da busca do conhecimento. Estudar implica deixar outras atividades mais prazerosas, para o indivíduo que aprendeu a fazer o que lhe dá prazer. Pesquisa realizada em 1994 por Vitale (apud La Taille, 1996, p. 19) analisou os jovens e propôs: "a vergonha perdeu seu sentido moral no trato das questões do espaço público, não mais regula as ações do indivíduo frente à opinião pública". As pessoas só sentem vergonha diante de fracassos pessoais e de acordo com os valores próprios que aprenderam a cultuar de beleza e poder, entre outros. Assim sendo, a escola tem a sua ação social enfraquecida e busca outras formas de atuação, que fragilizam a sua função precípua.

Comblin (1998) associa a indisciplina às mudanças na contemporaneidade, quando o próprio conceito de liberdade humana transformou-se, na medida em que hoje restringe-se à liberdade de comer, de beber, do uso do corpo, da sexualidade, enquanto no passado o conceito de liberdade ultrapassava a perspectiva individual, tinha um caráter universal de cada um corroborar para que todos fossem livres. Associa também ao excesso de radicalidade da crítica ao poder – característica da *pós-modernidade* – o ato de autoridade interpretado como abuso de poder e a denúncia das formas de autoridade como expressões de poder, dificultando o exercício de fato da autoridade. Muitas vezes, autoridade é confundida com autoritarismo.

No âmbito da educação também ocorreu confusão de significados entre autoritarismo e autoridade. Em decorrência, o indivíduo abandonado à própria sorte não consegue identificar o que é moral e os limites que separam a vida pública da vida privada, o respeito às regras mínimas e necessárias à convivência social. Moral, valores, ética são construções típicas da cultura humana, não são dadas *a priori*. Embora o homem contemporâneo não seja imoral, o espaço de sua ação moral foi restringido e a escola vive essa contradição. Tentando alargar esse espaço e o sentido público da escola, por exemplo, a análise da indisciplina deve nos remeter à questão do tipo de sociedade e de cultura em que estão inseridas a escola e a indisciplina. Devido à ascensão do individualismo, dos interesses privados sobrepostos aos interesses da coletividade, a escola – com um projeto político e social crítico e transformador – buscará resistir a essas tendências de uma sociedade pragmatista, imediatista e hedonista.

> A *observação empírica* mostra que a disciplina não é da ordem do individual, é uma construção coletiva.

As causas da indisciplina estão postas em cinco níveis: a sociedade, a família, o professor, o aluno e a escola. Na sala de aula, para enfrentar a situação de indisciplina, é importante que haja decisão conjunta dos professores, da comunidade educativa e da família quanto à linha de ação, a fim de manter coerência entre o projeto da escola, os objetivos perseguidos e as ações que efetivamente são realizadas.

A adequação curricular, no sentido de garantir uma aprendizagem significativa, também se constitui em importante passo para construir a disciplina. Mais do que estarmos atentos à lei, precisamos observar o espírito da lei. Torna-se fundamental o professor assumir o seu papel de coordenador do processo de ensino-aprendizagem, de agente transformador e que realmente eduque sem complexo de culpa. A autonomia é um fator que contribui para estimular e dar crédito ao trabalho do professor. O atual contexto histórico exige que o professor assuma o seu papel de formador do ser humano, substituindo a imagem do professor repassador e reprodutor de lições.

A disciplina não anula a personalidade, no sentido orgânico, apenas limita o arbítrio e a impulsividade irresponsáveis, exigindo convicção e envolvimento do próprio aluno. A responsabilidade pela disciplina não cabe apenas ao professor, pois a colaboração de todos deve ser uma exigência coletiva, como condição para a aprendizagem e a garantia da função socializadora da escola.

Ao analisarmos a ação dos jovens – atos de rebeldia sem causa, violência gratuita ou sem objetivos e referências –, ligá-la à sua condição juvenil carece de fundamentação. Essa ação deve ser vista como a expressão imediata daquilo que a sociedade produziu e vem produzindo no interior de suas instituições. Portanto, também é do interior das instituições – como a escola – que se espera a compreensão científica e sensibilizada do problema social da indisciplina, a fim de ser conduzida a sua equilibrada superação.

Na visão sociológica de Pierre Bourdieu[1] (1983a), juventude é apenas uma palavra e as divisões entre as idades são arbitrárias. A literatura exemplifica: na Idade Média, os limites da juventude eram objeto de manipulação por parte dos detentores do patrimônio, com o objetivo de manter em estado de juventude, isto é, de irresponsabilidade, os jovens nobres que poderiam pretender a sucessão. Ignatiff, citado por Hobsbawm,[2] (1998, p. 279), identifica os jovens na guerra civil da Irlanda do Norte como "rapazes desenraizados entre a puberdade e o casamento, para os quais não existem mais regras e limites de comportamentos aceitos ou efetivos: nem mesmo as regras de violência em uma sociedade tradicional de combatentes machos". Observa ainda que, na sociedade sem Estado do Curdistão, todo menino que chega à adolescência recebe uma arma. Naquela cultura, portar uma arma, para ser usada quando necessário, significa que o rapaz deixou de ser criança e deve comportar-se como homem. Esse é um rito de passagem moderno, comparável a ganhar um carro em alguns segmentos de outras sociedades, no Ocidente.

> Se existe na sociedade uma percepção de crise social latente, faz-se necessário que a escola se consolide como o lugar de construção do conhecimento e, também, de (re)construção do espaço público, de preparação para o exercício da cidadania, de reafirmação de valores como justiça, igualdade e solidariedade.

É justamente nesse contexto de transição e de incerteza atual quanto à realidade e sua apreensão teórica que não podemos comparar as gerações passadas, isto é, a juventude dos anos 1960 com as gerações atuais e rotulá-las como negativas, incapazes de se expressarem e agirem criticamente. Na medida em que cada sociedade gera um espaço e um papel para a adolescência e a juventude, estas respondem e atuam de maneira diferenciada. A indisciplina na sala de aula pode bem ser uma dessas respostas. Portanto, precisa ser compreendida nas suas razões mais profundas, visto que, como também lembra La Taille (1996), existem casos em que a indisciplina é perfeitamente moral, expressos, por exemplo, por aqueles que são vítimas de autoritarismos, humilhações, discriminações e outras situações degradantes.

Professores, educadores e demais envolvidos na escola precisam ser sujeitos da ação e ter propostas para a vida e para o mundo, se pretendem fazer a diferença. A escola, concebida como um dos espaços sociais que mais possibilita a reflexão e a avaliação das transformações da sociedade, deve resgatar a sua missão formadora e as referências e valores caros à humanidade.

Notas

[1] Pierre Bourdieu (1930-2002), sociólogo, é considerado um autor clássico contemporâneo pelo alcance de sua teoria. Em sua obra, buscou conciliar a teoria dos clássicos – Durkheim, Weber e Marx – para apreender a realidade, desvelando os mecanismos da reprodução social e suas distintas formas de dominação.

[2] Eric Hobsbawm (1917-) é historiador inglês de renome mundial. Autor de uma obra crítica do movimento dos trabalhadores e das grandes ideologias políticas do que ele chama "curto século XX" em *A era dos extremos* [1994]. Estudioso do século XIX, produziu *A era das revoluções (1789-1848)*, *A era do capital (1848-1875)*, *A era dos impérios (1875-1914)*. Em 2002, lançou uma autobiografia: *Tempos interessantes*.

Por uma metodologia do ensino-aprendizagem aberta, flexível e dialética

*No fundo da prática científica existe um discurso que diz:
"nem tudo é verdadeiro; mas em todo o lugar e a todo momento
existe uma verdade a ser dita e a ser vista, uma verdade
talvez adormecida, mas que no entanto está somente à espera
de nosso olhar para aparecer, à espera de nossa mão para ser desvelada.
A nós cabe achar a boa perspectiva, o ângulo correto,
os instrumentos necessários, pois de qualquer maneira
ela está presente aqui e em todo lugar".*
Michel Foucault, *Microfísica do poder*, 1990.

Partimos do pressuposto que todo o processo de ensino é aprendizagem e toda aprendizagem é sempre ensino. Nesse intercâmbio, aprende o aluno e aprende o professor. Ambos ensinam e tiram lições na troca pródiga do ensino-pesquisa, ao perscrutar o mundo e explorá-lo.

Comumente, a noção de metodologia designa técnicas de investigação empírica e de análise dos dados, mas é antes de tudo a atividade crítica que se aplica ao objeto de estudo, a porção da realidade pesquisada. A metodologia envolve as teorias utilizadas, a linha de ação e de análise adotadas e implica coerência na interpretação da realidade, objeto de atenção. A metodologia é, enfim, a junção entre teoria e método, não se restringindo a um conjunto de estratégias ou técnicas de ensino e pesquisa; pelo contrário, abrange tanto o caminho a percorrer quanto as concepções de educação, ciência, mundo e realidade daquele que ensina, da escola e seu projeto educativo, realizando-se naquele que aprende.

Para conhecer a realidade social, os autores clássicos propõem metodologias, tal como vimos no capítulo 2, e essas servem de orientação para a necessidade emergente de se realizar uma reforma do pensamento. Nessa linha, preocupados com o conhecimento produzido no último século e as graves consequências da aliança entre ciência e tecnologia para a humanidade e o planeta onde vivemos, autores como Morin (1999), Sousa Santos (1998) e outros vêm propondo interpretações à ciência e à dinâmica atual da sociedade. Esses autores analisam a *crise de paradigmas* em que hoje se encontram as ciências sociais, inclusive a Sociologia, e apontam para a premência de uma viragem paradigmática – termo de Sousa Santos, em *Um discurso sobre as ciências* (1998). Embora não rompam completamente com o paradigma dominante, eles reforçam a proposta de uma metodologia dialética e histórica, crítica e abrangente. A ruptura ocorre em relação às ortodoxias de qualquer matiz e quanto ao pensamento fechado, sem brechas, que se instalou nas ciências sociais, herdado da analogia com os métodos das ciências naturais.

A realidade mediata e imediata é complexa, múltipla, incerta, paradoxal, e por não ser legível de maneira evidente nos fatos, as ideias e teorias não refletem, mas traduzem a realidade. A realidade é o que é, embora cada ciência seja detentora de uma ideia da realidade e, nisso, Morin pactua com Weber, pioneiro em conceber a realidade como construída intelectualmente.

Na visão de Hobsbawm (1998), o real existe, o que muda é o modo como escolhemos, montamos, verificamos e interpretamos nossa amostra com dados referentes ao que acontece. Também mudam a forma de interpretar, o modo como se pensa a respeito do fato. A interpretação é humana, por isso, ao analisarmos um fenômeno social, a maneira como o descrevemos e expomos o que consideramos ser relevante, implica sempre a nossa subjetividade, a percepção do pesquisador. O significado que damos aos fenômenos depende dos nossos sistemas de interpretação, passíveis de erro, incertos e sujeitos a questionamentos e reconstruções.

> A realidade em transição – ambivalente, contraditória, múltipla – pede um pensamento aberto que faça as teorias explicativas interagirem, pois isoladamente elas não podem explicar a complexidade das transformações do presente em ritmo acelerado.

Propõe-se, neste livro, uma metodologia crítica, aberta e dialética, capaz de corroborar para o entendimento da realidade social, vivida num processo de ensino-aprendizagem contínuo e transformador. Consideramos que o pensamento linear – baseado no modelo de Aristóteles[1] e no padrão de Descartes[2] – isola e fragmenta os objetos para melhor entendê-los. Ao buscar a simplificação, explica a parte, identifica a contradição como erro, expulsa a desordem e o fator aleatório do processo de conhecimento, além de produzir proposições explicativas como verdades absolutas. Assim, uma metodologia de trabalho educativo inspirada nos autores clássicos da Sociologia, como a aqui proposta, pretende alçar as contradições, reconhecer os conflitos e dar espaço a um saber continuamente refeito.

Um pensamento sociológico dialético corresponde à contínua interação entre sujeito e objeto, sua multiplicidade e entrelaçamento, pressupondo transacionalidade. Conhecer pressupõe um sujeito e um objeto de conhecimento e esses podem ser distinguidos, mas nunca separados. Ultrapassando o reducionismo, que se preocupa em ver só as partes, como também o holismo que só vê o todo, o pensamento dialético-crítico considera as contradições sem a pretensão de superá-las. Em sua abrangência, esse pensar crítico compreende que o conhecimento não é absoluto, porque possui um caráter transitório e está em constante processo de reconstrução. Nunca chegaremos a um saber total, mas sempre a sínteses provisórias.

A abordagem proposta é de que nenhuma das dimensões sociais – a cultura, a política, a economia, apenas para enunciar algumas – sejam compartimentalizadas ou subordinadas entre si, mas que delas se possa fazer uma leitura conjunta. O desafio está em compreender como essas dimensões atuam e se inter-relacionam, articulando-se de modo concomitante. Por exemplo, o poder e a dominação não se localizam apenas no aparelho de Estado ou no nível econômico. Fazem parte do cotidiano dos homens em sociedade, em função de um processo de disciplinarização que permeia todas as relações sociais, desde o trabalho, a família, a escola, a religião, a mídia impressa e televisiva e até mesmo as formas mais simples de lazer.

Pela metodologia dialética buscaremos o todo, não apenas as partes, sem perder de vista a relações micro e macrossociais da realidade. É impossível, por exemplo, entender a globalização como fenômeno cultural – característico dos últimos cinquenta anos –, bem como a mundialização hodierna do capital, sem passar pelas dimensões da vida humana e suas múltiplas relações em diferentes planos, como o local e o internacional, enquanto realidades complementares.

A noção de totalidade implica perceber o movimento contraditório fazendo-se, desfazendo-se e se refazendo. Assim, as relações entre as partes e dessas com o todo conduzem a um emaranhado de suas mediações e contradições. Nesse movimento de constituição sociocultural são recuperados os diferentes fenômenos, seja a família contemporânea, a divisão do trabalho, as manifestações religiosas e outros da realidade social. Pensar a percepção de totalidade social induz-nos a observar o objeto de estudo recuperado na ação dos diferentes grupos humanos e suas relações econômicas, políticas e sociais que estruturam a realidade.

A presente reflexão, com base na perspectiva de Morin (2000), permite delinear algumas condições para percorrer o caminho metodológico do nosso fazer escolar crítico-dialético, dentre as quais:

a) A constituição de um diálogo poroso com a Linguística, a Psicologia, a Sociologia, a Antropologia, a História, com as chamadas ciências sociais. Esses conhecimentos são igualmente importantes para se compreender a realidade em transição e o diálogo entre eles leva à transdisciplinaridade que não hierarquiza as disciplinas, mas faz com que se comuniquem entre si, sem parcelar o conhecimento.

b) A necessidade de se perceber e conceber os limites da própria ciência e tentar mapeá-los. No caso das ciências sociais, pela natureza *sui generis* da relação sujeito e objeto de conhecimento, buscar criar uma consciência do rigor no processo de investigação social, para evitar a relativização do trabalho de interpretação do sociólogo e do professor-pesquisador.

c) Embora se deva cuidar para não cair na relativização, é necessário reconhecer que a realidade, os documentos e as fontes de caráter social não falam por si mesmos; é sempre o estudioso que os interroga. O professor-pesquisador seleciona as questões pertinentes, elege o objeto de estudo, o conteúdo em foco e, nesse procedimento, envolve sua subjetividade no processo de ensino-aprendizagem, sempre a partir do apoio metodológico, da sua visão de mundo e de ciência, das suas prenoções, do saber acumulado. O importante é ter claro que nossas ideias estão submetidas a condicionamentos sociais, em qualquer área de conhecimento e essa consciência não torna o trabalho menos científico, ao contrário, garante o rigor investigativo. Quando o professor de Sociologia seleciona os conteúdos, a metodologia e a avaliação a serem utilizados em seu curso, ele o faz a partir de sua própria visão de mundo, da sociedade, da educação.

d) Perceber que as causas são, ao mesmo tempo, efeitos, assim como os indivíduos são produzidos pela sociedade e também são seus produtores. Ao se resgatar a noção de indivíduo na ação social, é preciso chamá-los à responsabilização. A não responsabilização, decorrência também da concepção tradicional de ciência, resultou em graves consequências sociais, ambientais e à saúde física e mental dos seres humanos. A *reflexividade* que a ciência vem realizando sobre si – debruçando-se sobre o seu próprio fazer – afirma a importância da não separação entre o homem e a natureza, uma vez que tal desconexão produzida pela ciência, nos três últimos séculos, poderia resultar na extinção da própria vida. Desse modo, a escola, por trabalhar com o conhecimento acumulado e sistematizado, é chamada a desenvolvê-lo de modo reflexivo, ligando e religando os saberes e o homem à sua própria realidade produzida.

e) O todo está na parte e vice-versa, ou seja, o indivíduo está na sociedade e a sociedade está no indivíduo; esse é também expressão da sociedade. As realidades micro e macrossociais se inter-relacionam, por isso estudar as realidades mundiais, nacionais e locais de maneira interligada deve ser a preocupação do ensino-aprendizagem da Sociologia. Vejamos um exemplo: Curitiba, capital do estado do Paraná, é uma das cidades que mais crescem no Brasil nas duas últimas décadas, isso devido às transformações que ocorrem no cenário econômico nacional e internacional. Esse crescimento também se deve ao movimento de governantes, municipal e estadual, no sentido de uma propaganda ufanista da cidade e a venda de uma imagem idealizada do espaço urbano, seja por seu planejamento sistemático, pela preservação de áreas verdes ou por sua localização, na região Sul do país. Curitiba contém nuanças do mundo globalizado e, ao se estudar a cidade, é possível perceber a gama de contradições das sociedades capitalistas, da economia mundializada, das transformações em diversos níveis que afetam a realidade individual e social.

f) Não há a pretensão de superação das contradições sociais, pois nem sempre essas podem ser superadas, mas procura-se conhecer e considerar as contradições, reconhecendo não haver uma única resposta, nem uma só dimensão do real que corrobore no processo de conhecimento. Como a realidade e o conhecimento que dela se elabora estão em constante construção e reconstrução (e não apenas nas ciências sociais), as sínteses são sempre provisórias. A verdade buscada pela ciência não é única; ela é relativa ao tempo e ao espaço sociais, assim como os conceitos e as teorias produzidas para explicar os fenômenos observados.

g) Considera-se que existe uma relação de incerteza entre a ideia e o real. A ideia pode se impor ao real, mas nem por isso este se conformará à ideia. A nossa história tem muitos exemplos de imposição de ideias que serviram para justificar e legitimar governos autoritários.

h) Aquele que investiga a sociedade e/ou ensina não está separado do objeto investigado ou ensinado. O professor, ao selecionar os conteúdos e a forma de abordagem, está explicitando a correspondente visão do mundo, de homem, de educação que ele tem. Quem ensina Sociologia reinterpreta os fatos, e essa interpretação é subjetiva, está carregada de intenções mesmo quando não há consciência disso.

É preciso ressaltar que os maiores desafios para o professor de Sociologia dizem respeito ao modo como ele constrói o conhecimento e o repassa. Em primeiro lugar, está a forma de unir o acontecimento, o elemento, a informação ao contexto histórico e nos diversos contextos interligados. Como alerta Morin (2000), para desenvolver o conhecimento cabe ao professor-pesquisador aproximar o parcial ao global, o uno ao múltiplo, a ordem à desordem, a lógica àquilo que a ultrapassa. O segundo desafio refere-se a como tratar as muitas incertezas de que a realidade se reveste. Isso implica admitir a incerteza como um dado da ciência, na medida em que todo conhecimento nunca é definitivo. O terceiro desafio está em realçar o desafio lógico: como tratar os paradoxos e aceitar as contradições ou antagonismos lógicos sem cair no vazio, no niilismo teórico e prático.

A resposta a alguns desses desafios pode estar na forma de pensamento aberta e flexível e, também, no permanente redimensionamento da realidade social. Nela se destacam as transformações *pari passu* às continuidades e permanências do modo de produção capitalista, que vem se renovando e se travestindo com novas roupagens, nos últimos três séculos, embora mantenha a base da exploração social humana. Essa perspectiva ainda convalida teorias sociológicas explicativas que emergiram para explicar as sociedades modernas, por não ter surgido nenhum padrão rival coerente e bem articulado no Ocidente ou no Oriente, cuja concepção e análise da realidade social e histórica sejam adequadas para a compreensão da totalidade, das mudanças em seu próprio movimento, como a concepção materialista da história, analisa Hobsbawm (1998). Nesse sentido, o historiador critica versões pós-modernistas da história e, como ilustração, analisa os saramakas – grupo indígena nativo que sobrevivia na floresta tropical do Suriname. Por meio desse estudo antropológico, foi possível conhecer os cultivos praticados, o tipo de caça, as festas, as práticas exóticas daquela sociedade, porém não foi explicado como os saramakas encaravam a escravidão, a propriedade de pessoas e terra, entre outros elementos, levando o historiador a fazer a defesa de uma metodologia dialética, na qual a concepção materialista da história

> [...] é a base da explicação histórica mas não a explicação histórica em si. A história não é como a ecologia: os seres humanos decidem e refletem sobre o que acontece. [...] nem todos os fenômenos não econômicos na história podem ser derivados de fenômenos econômicos específicos, e determinados eventos ou datas não são determinadas nesse sentido. [...] Mesmo os mais rígidos proponentes do materialismo histórico propuseram discussões detalhadas sobre o papel do acaso e do indivíduo na história (Plekhanov); e quaisquer que sejam as críticas filosóficas passíveis de serem feitas a suas formulações, Engels foi totalmente inequívoco a esse respeito (Hobsbawm, 1998, p. 176).

A supremacia do econômico sobre as demais dimensões da realidade – política, social, cultural, religiosa – é obra do marxismo vulgar, salienta Hobsbawm (1998), enquanto Engels já havia estabelecido as relações entre superestrutura e infraestrutura, destacando não ser possível pensar o real como constituído por níveis isolados: algo acontecendo na base de relações sociais determinantes e uma superestrutura de aparatos filosóficos, jurídicos, científicos determinados por aquela. A realidade múltipla, contraditória e complexa exige que os conceitos não sejam dados como concluídos e finais, uma vez que para compreender a multidimensionalidade do real urge quebrar as esferas fechadas e fazer a junção dos conceitos e ideias que lutam entre si.

O conjunto das novas descobertas nas ciências exatas jogou as certezas para o alto.[3] Nesse bojo, Morin (1991a) critica a absolutização da lógica por ter eliminado da linguagem e do pensamento as imprecisões, as ambiguidades e a própria contradição. Em verdade, a ciência clássica repeliu a contradição, porém, ao descobrir que a luz comporta-se como onda e corpúsculo, deixa a Física diante de uma contradição. Registra-se a insuficiência da lógica clássica perante o real. Nessa perspectiva, Morin (1991b) propõe uma utilização complexa da lógica e que o método pode estabelecer alguns axiomas a partir da lógica identitária. Estabelece como axioma que toda organização é complexa, o que significa não poder ser descrita e concebida de maneira estritamente dedutiva-identitária.

As ciências falam entre si; esse é o seu movimento. Tudo é complexo: a realidade física, a lógica, a vida, o ser humano, a sociedade, a biosfera, pois cada dimensão contém múltiplas complexidades. O complexo é o não-reduzível, o não-unificável, o não totalmente diversificável, "é aquilo que é tecido simultaneamente, aí subtendido ordem/desordem, um/múltiplo, todo/partes, objeto/meio ambiente, objeto/sujeito, claro/escuro" Morin (2000, p. 133).

Abrindo parênteses para a Sociologia, hoje a área de estudos sobre o trabalho, por exemplo, ao estudar as transformações no mundo do trabalho em consequência da reestruturação produtiva no interior do sistema de produção, reconhece a esterilidade de realizar apenas estudos de caso. Estudos localizados, que não estejam inter-relacionados, não conseguem abarcar a complexidade das transformações na atual organização da produção. Como as reestruturações das empresas são sistêmicas, também pesquisas sistêmicas e complexas são exigidas.

A contradição, que foi expulsa pela lógica clássica, precisa ser reintroduzida, enfrentada e integrada ao pensamento. Nesse sentido, reafirmamos a validade e a importância do pensamento dialético para a apreensão e o tratamento da realidade social e dos conteúdos da Sociologia. A dialética coloca a impossibilidade de separação do material e do espiritual, das dimensões políticas, econômicas, sociais e culturais, como quando são analisadas as condições objetivas da Revolução Francesa ou da Revolução Russa, por exemplo, em que não podemos ignorar as condições subjetivas, os motivos que as desencadearam.

Estudar esses fenômenos sociais implica analisar a realidade objetiva e a força criadora dos indivíduos e as consciências coletivas e individuais que alavancaram tais movimentos. Além disso, é essencial a consciência dos limites do conhecimento – biológico, psicológico, sociológico, antropológico, cada qual em suas especificidades – e da necessidade de ultrapassar as suas fronteiras, para atingir um conhecimento mais totalizante. Da mesma forma, atividades como a tradução, a comparação, a interpretação, a análise dos discursos são importantes no processo do conhecimento da realidade social, em diversos espaços e tempos.

Hoje sabemos que o conhecimento baseado na neutralidade – que resultou na Física Nuclear e consequentemente na criação da bomba atômica, ainda uma ameaça – causou danos à humanidade, como se evidenciou no século xx, quando a ciência também esteve a serviço da guerra e da destruição em massa. A Sociologia e as disciplinas que se debruçam sobre a realidade social presente e pretérita também podem produzir distorções sobre o real e favorecer as ideologias da intolerância dos nacionalismos xenófobos e fundamentalismos religiosos e políticos. Esses fenômenos geralmente estão baseados em alguma evidência histórica que não contém necessariamente mentiras ou ficção, como sugere Hobsbawm (1998). Eis aí os desafios diante de uma realidade incerta e complexa: separar o mito do real, a ficção da realidade, primar pela verdade não única nem absoluta, mas múltipla e provisória. Reconhecê-la múltipla é um grande avanço.

> A perspectiva metodológica que propomos é que o aluno analise as *contradições sociais*, sobretudo do capitalismo, e perceba o movimento de construção e reconstrução da realidade social. Com esse exercício histórico e sociológico, poderá relacionar e dimensionar os conhecimentos no tempo e no espaço – local/nacional; nacional/global; local/global.

Para a construção dos conteúdos da Sociologia no ensino médio, portanto, torna-se imprescindível o trabalho do professor no sentido de garantir ao aluno os conceitos básicos que possibilitem a aquisição e a interpretação dos conhecimentos sobre os fenômenos sociais, culturais, ideológicos, econômicos, bem como as relações de poder. Esse processo corresponde à metodologia dialética.

A viabilização do ensino de Sociologia enfatiza o conhecimento acumulado e criticamente sistematizado, a partir da relação concreta dessa ciência, enquanto resultado da ação-reflexão do homem no meio em que vive, de sua relação com outros homens e com a natureza, pelo trabalho e a tecnologia. A aquisição do conhecimento acumulado exige que o ensino da Sociologia seja teórico-prático, isto é, os conteúdos devem estar articulados com a realidade mediata e imediata, na qual se insere o aluno, sujeito capaz de agir prática e intelectualmente. Se assim não for conduzido o processo de ensino e aprendizagem, corremos o risco de somente repassar conhecimentos acabados em si mesmos e sem significação.

A clareza do professor e da escola quanto ao que, por que, para que e como ensinar contribui para o desenvolvimento da prática pedagógica em sala de aula. Há que considerar a escola não isolada do mundo, uma vez que vive e transmite as tensões das relações sociais de um mundo em transformação e as contradições próprias a esse macroprocesso social.

O aluno do ensino médio ainda está completando a sua formação básica e a aprendizagem que realiza, nessa etapa, também deve ser encaminhada numa perspectiva processual, com o cuidado de não reduzir a educação à transmissão de conhecimentos. Se, como professores, nos colocarmos como meros repassadores de conteúdo, estaremos negando a construção do conhecimento na relação ensino-aprendizagem, impedindo o aluno de alcançar sua autonomia intelectual e participar ativamente do processo de seu desenvolvimento. Enquanto pesquisadores e professores, não podemos nos manter distantes dos problemas que a sociedade vive, caso contrário, estaremos colaborando para o enrijecimento do conhecimento e a desatualização da escola em geral.

> Cabe à escola do ensino médio estimular o desenvolvimento de um conjunto de atitudes e capacidades, tais como: aprender a aprender, a pesquisar, a encontrar as informações, a analisar, a sintetizar, a concluir, a cooperar, a levantar hipóteses, a criticar, a solucionar problemas, a comparar, entre tantas habilidades mentais necessárias ao ser humano.

O corpo de conhecimentos trabalhados na escola engloba um aprendizado da linguagem própria da ciência, ou seja, trabalha com os conceitos, via conteúdos continuamente redimensionados no tempo e espaço. Para isso, os conteúdos são meios e devem estar voltados para a apropriação crítica da realidade, principalmente neste momento em que vivemos – de rupturas, crise de certos valores fundamentais, perda de referências e de horizontes culturais.

O nosso compromisso é com um saber duradouro e flexível, ajustável à lógica que descobre as contradições, visando capacitar o aluno a ser sujeito autônomo no seu processo de aprendizagem. Propomos um método de estudo capaz de levar o aluno a aprender a aprender e a aprender a pensar. Por meio da comparação, da análise, da generalização e da síntese, o aluno poderá enfrentar as temporalidades múltiplas e reconhecer a ligação indissolúvel e necessária entre o presente e o passado, o local e o global, o particular e o geral, a identidade e a diversidade – aspectos variáveis e imbricados da realidade que nos circunda e da qual somos parte.

Destacamos como pressuposto básico dessa metodologia do ensino da Sociologia a ideia de que a produção do conhecimento sociológico é social. Ao resgatar a realidade, produzir e passar o conhecimento, o professor o faz a partir de sua posição social, pois nenhuma ciência é neutra. Essa condição diz da necessidade de o professor de Sociologia, ao selecionar seus conteúdos, definir a perspectiva metodológica com que vai trabalhar, identificar os condicionamentos a que a mente humana está submetida, mapeando-os para torná-los parte dos conteúdos, o que garante cientificidade.

Ao planejar suas aulas, o professor precisa definir o *contexto* de origem e desdobramento do fenômeno analisado, ou seja, os eixos dos conteúdos a desenvolver, além de ter clara a sua visão de realidade e a sua concepção de ciência, que devem ser coerentes com as estratégias metodológicas orientadoras da relação ensino-aprendizagem.

Mediante relações sociais que se desenvolvem, em diferentes tempos, a sociedade e os homens estabelecem, por meio da interação, vínculos sociais, políticos, culturais, econômicos, religiosos, ideológicos. O homem se diferencia de outros animais por sua capacidade de construir um mundo para si, com representações que lhes são próprias. Através do trabalho, da cultura, das relações de mercado e de poder, de sua relação com a natureza é que ocorre essa construção material e imaterial da humanidade. No estudo da Sociologia, é importante o resgate da multidimensionalidade do homem e dos fenômenos aos quais ela se dedica. Mesmo os fenômenos econômicos *stricto sensu*, tais como os investimentos em bolsas de valores, estão sujeitos a fenômenos de multidão. A bolsa de valores reflete o "humor" do mercado; basta um boato, uma ligeira desconfiança ou euforia e os investidores correm para vender ou comprar suas ações.

Assim, é justificável a adoção de um programa de Sociologia que não implique supremacia de qualquer esfera – seja econômica, política ou cultural – sobre outras instâncias da realidade. O aspecto econômico está unido às demais dimensões que envolvem as relações do homem em sociedade; serve de exemplo o crescimento do fundamentalismo religioso no mundo, em que grupos radicais vinculam sua ação à identidade, à tradição, à história, à sua religiosidade. Em parte, isso explica porque a sociedade ocidental tem tido dificuldade para entender o que vem se passando no Oriente, nas últimas décadas.

O estudo da Sociologia pode contribuir para a construção de um novo homem, de uma nova sociedade, desde que o domínio do conhecimento seja tomado, de forma precisa e profunda, como ponto de partida para o crescimento pessoal. Professores-pesquisadores de Sociologia buscam proporcionar meios para a formação do homem crítico e criativo, independente e sensível a um corpo de conhecimentos capaz de refletir a problemática do contexto social e da ciência.

O ensino da Sociologia apresentado como um conjunto de fenômenos e acontecimentos desarticulados entre si ou baseado apenas nas teorias sociológicas, ou mesmo como um aprendizado da realidade sem um aporte teórico que o ilumine, pode significar um ensino morto, sem significação para os sujeitos envolvidos, seja quem aprende ou quem ensina. Levar os alunos a compreenderem as relações que estruturam a realidade social, o modo de produção capitalista e suas contradições e conflitos, nas dimensões política, econômica, cultural e ideológica, consiste num desafio para o professor.

A construção do conhecimento em Sociologia no ensino médio passa pela elaboração de conceitos, pela problematização que inclui levantamento de dúvidas, hipóteses, obstáculos a serem superados, pela ideia de processo – relações de continuidade, mudanças, conflitos, relações de poder, resistência – e pelas teorias sociológicas clássicas e contemporâneas, explicativas da *modernidade* e de manifestações de uma "pós-modernidade". Além disso, a sala de aula deve ser o espaço onde se vive, ensina-se e aprende-se a viver a pluralidade, porque a escola é um espaço de diálogo, não só entre o professor e o aluno, mas com outros povos, com o conhecimento e a realidade em seus diversos níveis. Desenvolver aulas numa perspectiva dialogal não significa permissividade, mas o efetivo compromisso de responsabilidade, disciplina e direcionamento, corroborando com a formação de alunos conscientes e bem preparados para poderem exercitar os direitos e os deveres da cidadania.

Notas

[1] Aristóteles, filósofo grego, nascido na Macedônia (384-322 a.C.), foi aluno de Platão e tornou-se professor na Antiguidade, concentrando-se no estudo das mutações do mundo material: nascimento, transformação e destruição. É considerado o criador do pensamento lógico e suas obras perpassam diversas áreas do conhecimento, como a Política, a Lógica, a Moral, a Ética, a Teologia, a Pedagogia, a Metafísica.

[2] Descartes (1596-1650), filósofo francês, considerado o pai da Filosofia moderna, é o principal representante do racionalismo – a universalidade da razão como o único caminho para o conhecimento –, cujos fundamentos estão em *Discurso sobre o método* e *Meditações Metafísicas*. Apoiado na matemática, uma de suas paixões, encaminha reflexões filosóficas para encontrar a verdade mediante a dúvida metódica.

[3] A crise das ciências chamadas naturais ocorre a partir das descobertas da Física Quântica, dos princípios de ordem/desordem ou auto-organização da Biologia e Química, da irresolubilidade do teorema godeliano. Em 1931, Kurt Gödel sinaliza que todo o sistema formalizado comporta a aritmética e apresenta os enunciados irresolúveis e a não contradição do sistema, constitui uma proposição não demonstrável com a ajuda de seus únicos recursos. A física newtoniana, por exemplo, que predominou absoluta por cerca de 200 anos, concebia a massa como imutável, o tempo fixo e a força da gravidade uma força de origem misteriosa. Para Einstein, a gravidade é uma curvatura no espaço-tempo e a massa e o tempo variam por diversos motivos. Dessa forma, foi dado um grande passo para romper com a infalibilidade da ciência. Mais tarde, os físicos Max Planck e Heisenberg mostraram que as constantes não existem e nem eram necessárias para a precisão da ciência. Ao mostrar esse resultado ilusório, eles introduziram uma visão de ciência aproximativa (Morin, 1991a; Sousa Santos, 1998).

PARTE IV
COMO TRABALHAR A SOCIOLOGIA NO ENSINO MÉDIO

É necessário partir do concreto para atingir o abstrato e, uma vez claramente estabelecidos os conceitos, regressar ao concreto para enriquecer com toda a complexidade das suas determinações.

Karl Marx, *Contribuição à crítica da economia política*, 1977.

Estratégias metodológicas e avaliativas

O professor realmente bom sempre tem o que aprender de seus alunos.
Alfred Schultz, *Textos escolhidos*, 1979.

Conhecer e desenvolver habilidades cognitivas

A literatura esclarece que, quando o professor dá uma aula, ele não trabalha somente um conteúdo qualquer, mas o desenvolve utilizando uma metodologia específica que também é passada ao aluno. A metodologia utilizada, a maneira como o professor encaminha as atividades, o modo como se relaciona com o conhecimento, com a turma e com as coisas, faz parte do chamado currículo oculto, isto é, compõe todos aqueles conteúdos que ultrapassam as fronteiras entre as disciplinas e diz respeito às diversas relações sociais presentes na escola. Uma das nossas tarefas quando ensinamos é também ensinar como conhecer, afirmam Freire e Shor (1986), pois ao trabalhar um conteúdo é importante deixar transparecer como nós, professores, aprendemos. Isso ajuda o aluno a refletir sobre o seu processo de conhecimento, estabelecendo um modo de trabalho por ele utilizado.

A Psicologia e os estudos sobre aprendizagem sugerem que os estímulos entram no cérebro através dos sentidos. Significa que o professor, ao preparar suas aulas, precisa proporcionar variados meios e modos para que o aluno apreenda o caminho percorrido e possa estruturar as informações em sua mente: escrita, desenhos, observações, cartazes, análises, mapas, filmes, aulas expositivas, observações, ilustrações e debates, entre outras estratégias.

Considerando que a construção do conhecimento é um processo em que avanços e também dificuldades, bloqueios e retrocessos poderão acontecer, a intervenção e as estratégias adotadas pelo professor, em cada momento desse processo, será variável em forma e quantidade. Em certas ocasiões, será preciso proporcionar ao aluno uma informação organizada e estruturada; em outras, oferecer-lhe modelos de ação a imitar; em outras, formular indicações e sugestões pormenorizadas para abordar as tarefas; ou mesmo permitir que escolha e desenvolva de forma autônoma as atividades de aprendizagem. A diversificação das estratégias metodológicas auxilia especialmente os alunos com maior dificuldade de aprendizagem.

> O uso de estratégias e recursos é fundamental para o ensino da Sociologia. A criação de situações-problema, aliada ao uso de diversos recursos didáticos, dinamiza, provoca e estimula a curiosidade dos alunos.

A resolução de questões reflexivas ou problemas está diretamente relacionada ao conflito cognitivo, que constitui o início do processo de aprendizagem. Para o aluno ultrapassar o seu nível de conhecimento e fazer as ideias já existentes emergirem é necessário estar mobilizado a partir de questões relacionadas com a sua realidade. Desse modo, sugere-se que o aluno seja levado a fazer perguntas, a responder suas próprias indagações e também a levantar problemas que mereçam ser investigados na realidade social.

Antes do advento da internet, os trabalhos de pesquisa que o aluno realizava exigiam dele, no mínimo, a cópia de próprio punho. O ato de copiar possibilitava aprendizagem em algum nível, embora não ideal. A internet e todo o material disponível ao aluno via computador tornaram a elaboração de trabalhos um problema para o processo de aprendizagem. Quando se trata de fazer pesquisa, tem sido comum esta se resumir em selecionar a informação, clicar no comando "imprimir" e entregar ao professor. Isso implica uma demanda diferente ao professor: a de jamais pedir uma pesquisa sobre algum tema geral sem o acompanhamento das etapas de elaboração do trabalho, a exigência de fichamentos de leituras e, principalmente, a organização de um roteiro propondo questões reflexivas a serem abordadas pelo aluno. Deve-se insistir e utilizar meios para garantir a elaboração própria do trabalho de pesquisa por parte do aluno. Essa realidade exige que a escola realize novas alfabetizações como, por exemplo, utilizar as pesquisas disponíveis na rede, selecionar as informações e trabalhá-las efetivamente. Habilidades convencionais de leitura, compreensão de textos, interpretação, como também a capacidade de discernimento teórico entre os materiais disponíveis são exigidas para evitar que o aluno possa facilmente reportar-se a material de pouco ou nenhum valor científico e não usufrua o aprendizado.

Deparamo-nos, assim, com a necessidade de planejamento das aulas e das estratégias a serem utilizadas. Essas precisam ser selecionadas conforme o projeto didático-pedagógico do professor e da escola e, consequentemente, estar em consonância com os objetivos e os conhecimentos que o professor pretende alcançar e construir com o aluno. A partir desse ponto será apresentada uma série de estratégias visando responder à questão de como ensinar Sociologia e organizar as aulas. São sugestões gerais orientadoras, pois cada professor é senhor do seu processo de trabalho e descobre na prática de suas aulas um jeito de fazer e de ensinar que lhe é particular, especial e dá significado às suas ações em sala de aula.

Tendo em vista o entendimento de como o aluno aprende, armazena e recupera as informações, o professor deve buscar estratégias a serem ensinadas a ele, na medida em que desenvolve a aula. Quando orientamos os alunos a ler, sublinhar ideias centrais, anotar, levantar dúvidas e questões, por exemplo, estamos procurando desenvolver um modo de apreender determinado conteúdo. As questões elaboradas a respeito e as relações que devem ser estabelecidas cumprem o papel de tornar significativo o conteúdo e não apenas facilitar sua recordação e recuperação.

> As questões formuladas também pelo próprio aluno fazem com que o aprendizado seja duradouro e contribua para o seu posicionamento crítico em face de determinados fatos da realidade social.

Repetir conceitos com palavras próprias, dar exemplos em definições ou conceitos, aplicá-los num contexto semelhante ou diferente e verbalizar o processo da aprendizagem são formas que garantem o processo de retenção e ampliam o conhecimento. A assimilação, no entanto, deve ser feita com compreensão e implica a participação ativa do aluno: o aprendizado torna-se parte do que a pessoa é.

Solicitar aos alunos que falem sobre determinada situação requer estimulá-los a desenvolver argumentos convincentes e pertinentes, no sentido de construir hábitos reflexivos de trabalho. Por exemplo, o professor deve indagar aos alunos sobre: os caminhos adotados para resolver uma questão-problema; a metodologia utilizada para a realização de uma pesquisa; o modo como fizeram a leitura de um livro; a forma como o autor desenvolve certo assunto; ou, ainda, os sentimentos de ânimo, frustração ou persistência que perpassaram ao longo de determinada atividade didática. Entre as habilidades de pensamento de estrita natureza cognitiva, envolvidas na ação dos alunos, constam a memorização, a concentração, o domínio de relações e a generalização, como exposto no Quadro 3.

Quadro 3 - Habilidades cognitivas

Memorização	O aluno deve ser capaz de selecionar as informações mais importantes e retê-las para utilização.
Observação	Capacidade de aprender pelos sentidos, ou seja, ver, ouvir.
Atenção e concentração	Habilidades cognitivas desenvolvidas na escola; podem ser aprendidas ao longo da vida.
Classificação	Capacidade de organizar os fenômenos em grupos e de categorizar a realidade que se utiliza da memorização, da identificação, da observação, da comparação e da associação.
Análise	Habilidade de decompor os fatos, as informações, os elementos nos seus diversos componentes, para melhor compreensão.
Síntese	Consiste em, após a análise, selecionar os aspectos mais significativos formulados de maneira globalizada e integrada, aproveitando a capacidade de julgamento e superação.
Sequenciação	Os fatos, as informações ou os acontecimentos são apresentados numa sequência clara, situando-os em relação ao tempo, ao espaço e ao seu encadeamento lógico para o domínio da noção de processo.

Raciocínio lógico	Implica dedução, indução e inferências. A dedução consiste no raciocínio que vai de um conceito amplo e abstrato para uma contextualização específica. A indução trata de raciocínios ou proposições resultantes da análise e experimentação de variáveis, fatos, afirmações. As inferências levam o aluno a extrair do conhecido elementos novos, a estabelecer hipóteses e a redimensionar o real.
Relação	Esta habilidade cria significações entre os fatos/fenômenos em tempos e espaços diversos. Os elementos a serem considerados são: tempo próximo, tempo distante, particular e geral, conjuntura e estrutura, condicionantes e determinantes.
Generalização	Capacidade do aluno para transferir conhecimentos e realizar sínteses, a partir dos conteúdos desenvolvidos em uma disciplina e/ou em outras áreas ou ciências.
Comparação	Capacidade de confrontar situações, de examinar as relações, as semelhanças e as diferenças.

Fonte: Planejamento de área de ciências sociais. Colégio Nossa Senhora Medianeira. Curitiba, 2001. Reelaboração pelas autoras, 2009.

Além das habilidades cognitivas, outras dimensões que envolvem comportamentos sociais, valores etc. são formadas na escola e geralmente fazem parte do currículo oculto. São dimensões sociais e afetivas, como capacidade de organização e de relacionamento com a turma; capacidade de socializar e compartilhar o conhecimento com os colegas e professores; inserção na realidade e sua leitura crítica; desenvolvimento da alteridade e discernimento ético e moral. De certo modo, a participação do aluno é estímulo para a construção ativa e interativa do conhecimento, daí ser fundamental a utilização de estratégias que o envolvam e o levem a posicionar-se pessoal e coletivamente.

Avaliação diagnóstica, contínua e cumulativa

Na relação ensino-aprendizagem, a avaliação normalmente se apresenta como um desafio. O avaliar está intimamente relacionado à visão de mundo e de educação de quem ensina. Numa concepção positivista, a avaliação tende a assumir um caráter definitivo, imutável e punitivo; significa verificar o que permaneceu em termos de reprodução do conhecimento, quer seja dos autores lidos e tratados ou das ideias do professor. Nessa visão, tanto o professor quanto o aluno são meros objetos do processo educacional e não sujeitos do conhecimento.

> "Avaliar se refere a qualquer processo por meio do qual alguma ou várias características de um aluno/a, de um grupo de estudantes, de um ambiente educativo, de objetos educativos, de materiais, professores/as, programas etc. recebem a atenção de quem avalia, analisam-se e valorizam-se suas características e condições em função de alguns critérios ou pontos de referência para emitir um julgamento que seja relevante para a educação" (Sacristán, 1998, p. 298).

Numa visão dialética, a avaliação está em constante processo de construção pelo confronto dos contrários, significando uma dinâmica processual de luta, elaboração e reelaboração constantes. Na abordagem aqui adotada, a avaliação não pode ser dissociada da metodologia utilizada, por estar intrinsecamente ligada ao processo de aquisição do conhecimento sociológico, não como um fim, mas na perspectiva da construção do saber.

> A construção do conhecimento deve primar pela ação interativa professor/aluno/objeto de estudo/realidade.

O entendimento dos fenômenos sociais dá-se a partir da identificação do aluno como sujeito e, nessa condição, também como objeto do conhecimento, na medida em que faz parte da sociedade resultante das transformações ocorridas. O objetivo do processo avaliativo é a excelência de levar o aluno a estudar e a pensar de forma cada vez mais autônoma, criativa e crítica.

O eixo norteador da avaliação da aquisição do conhecimento desenvolvido está ligado aos sujeitos que o construíram e o constroem através dos tempos, movidos por conflitos de natureza econômica, política, social e cultural, os quais sedimentam a maneira como os homens produzem e se organizam para sobreviver.

A avaliação do conteúdo acumulado ocorre à luz das teorias e categorias sociológicas transmitidas e problematizadas em articulação com a experiência imediata do aluno, tendo em vista uma produção qualitativa do conhecimento. A verificação do conteúdo deve estar articulada com o cotidiano do aluno, com as diversas estruturas da sociedade contemporânea, em suas múltiplas dimensões – econômica, política, social, cultural, estética, jurídica, religiosa, ética e outras –, de modo que o conhecimento do aluno e do professor seja reelaborado, ultrapassando o senso comum. Enfim, a avaliação deve envolver alunos e professores num diálogo humilde e franco, no sentido de superar as dificuldades encontradas no processo de ensino-aprendizagem.

Para avaliar concretamente a aprendizagem escolar, não basta aplicar os diferentes instrumentos e testes de avaliação, mas antes refletir sobre o ser humano e qual educação queremos promover. Logo, todo processo de avaliação não deixa de ser um questionamento e um posicionar-se do professor e, por extensão, da filosofia de ensino da escola e do seu projeto educativo. É necessário desenvolver uma avaliação coerente com a própria concepção de avaliação – dinâmica, contínua, cumulativa, diagnóstica e processual –, uma forma sistemática de se obter informações sobre o aluno e o seu crescimento intelectual, amadurecimento emocional, desenvolvimento de capacidades e aquisição de habilidades.

Visando orientar e ajudar os alunos a vencerem suas dificuldades e a realizarem uma apreciação crítica sobre o seu próprio trabalho, a avaliação exige, para maior segurança e justiça, que meios eficientes e eficazes sejam adotados para assegurar maior objetividade. Um desses meios é o prévio estabelecimento dos critérios a serem atendidos, a clareza do procedimento e os conteúdos a serem verificados, no caso das avaliações que envolvem a sistematização de conteúdos. As regras de avaliação precisam ser explicitadas para os alunos, assim como os parâmetros que nortearam a avaliação do professor. Isso significa que o professor planeja a sua avaliação e estabelece junto aos alunos ou com os alunos, os critérios orientadores do resultado a ser alcançado e do parecer sobre o seu aprendizado. Um aspecto que causa conflitos no processo de avaliação é justamente quando o aluno se sente "injustiçado", com uma avaliação em que as exigências não estavam evidenciadas. Philippe Perrenoud (1999) analisa, no entanto, que uma avaliação, mesmo antecedida de critérios claros, ainda é muito associada à classificação, e sugere a observação formativa da aprendizagem do aluno.

> "Observar é construir uma representação realista das aprendizagens, de suas condições, de suas modalidades, de seus mecanismos, de seus resultados. A observação é formativa quando permite otimizar as aprendizagens em curso sem preocupação de classificar, certificar, selecionar. A observação é formativa quando pode ser instrumentada ou puramente intuitiva, aprofundada ou superficial, deliberada ou acidental, quantitativa ou qualitativa, longa ou curta, original ou banal, rigorosa ou aproximativa, pontual ou sistemática. Nenhuma informação é excluída *a priori*, nenhuma modalidade de percepção e de tratamento é descartada" (Perrenoud, 1999, p. 104).

As estratégias utilizadas para a avaliação diagnóstica e cumulativa dos conteúdos podem ocorrer por instrumentos diversificados: provas dissertativas, provas objetivas, trabalhos de pesquisa, seminários, debates, formas de participação nas atividades. Além disso, a prova não pode se constituir em oportunidade para experimentações de aprendizagem, pois deve haver interdependência entre a metodologia das aulas e a avaliação. Se a avaliação é contínua, deve ser diária e não somente em momentos especiais. Para tal é importante avaliar a participação do aluno desde que os critérios sejam publicizados.

> Cada uma das estratégias adotadas em sala de aula deve ser avaliada.

A seguir, sistematizamos e explicitamos algumas estratégias metodológicas e avaliativas, adequadas ao ensino em aulas de Sociologia, na perspectiva aqui explorada. Ressaltamos a necessidade da correspondência entre avaliação, estratégias metodológicas adotadas e os conteúdos desenvolvidos. A avaliação é o calcanhar de Aquiles de qualquer processo de ensino-aprendizagem, devendo ser explicitada quanto aos passos, os instrumentos e os critérios adotados.

Ler e estudar Sociologia

Ensinar Sociologia no ensino médio coloca-nos, como professores, desafios de diversas ordens. Primeiro porque não existe ainda uma grande produção de materiais destinados ao ensino desta disciplina e para esta etapa de escolarização, o que nos faz também pesquisadores.

Segundo porque é uma disciplina que pode ser vista e recebida como cultura dispensável, pelo fato de não ser obrigatória em muitos exames vestibulares e, por isso, temos de nos convencer da sua importância na formação cultural e cidadã do aluno.

O terceiro e, talvez, maior desafio está relacionado ao objeto da Sociologia e o seu caráter de ciência. Trata-se de um conhecimento que difere da livre opinião, dos saberes e das ideologias que circulam em nossas vidas. É um conhecimento que, embora não seja único, absoluto, passou pelo crivo da ciência, da pesquisa científica, exigindo leitura compatível a essa condição.

Um dos objetivos do ensino da Sociologia consiste em possibilitar a apreensão e a interpretação das transformações sociais, políticas, econômicas e culturais, das questões e problemáticas da presente realidade social. Isso ocorre por meio das teorias sociológicas que interrogam essa realidade e a fazem falar.

Para estudar e interpretar os fenômenos sociais é preciso contextualizar e apreender os conceitos e as categorias analíticas centrais da Sociologia. Os conceitos são representações mentais da realidade, possuem atributos essenciais e são designados, em cada cultura, por um signo, por palavras que concentram uma ideia. Para a aprendizagem da Sociologia é necessária a apropriação de conceitos específicos e o estabelecimento de relações entre eles, resultando na formação de uma rede explicativa.

A preocupação com um saber duradouro que capacite o aluno a ser sujeito autônomo no seu processo de aprendizagem também envolve o aprendizado da linguagem própria da ciência; da aprendizagem dos conceitos – via conteúdos – redimensionados no tempo e no espaço; do desenvolvimento das habilidades de pensamento, possibilitado pelos exercícios de comparação, análise, síntese e generalização – enfim, de atividades que ultrapassem a repetição mecânica e sem significado.

A qualidade no que se ensina está em estimular o desenvolvimento de um conjunto de atitudes e habilidades como: saber aprender, pesquisar, saber encontrar as informações, analisar, sintetizar, concluir, cooperar, levantar hipóteses, criticar, solucionar problemas, comparar e generalizar.

De acordo com o que dispõem os Parâmetros Curriculares Nacionais (PCN), a escola deve levar o aluno a aprender a aprender, aprender a pensar e aprender a ser. As atividades desenvolvidas e respectivas práticas pedagógicas devem ser orientadas nesse sentido, para que os estudantes tenham o controle sobre o seu processo de aprendizagem e possam conhecer e internalizar os mecanismos de como desenvolver certos conhecimentos e realizar tarefas. Isso possibilita, cada vez mais, a autonomia do aluno com relação à evolução dos seus estudos.

> "A aprendizagem entendida como construção de conhecimento pressupõe entender tanto sua dimensão como produto quanto como processo, isto é, o caminho pelo qual os alunos elaboram pessoalmente os conhecimentos. Ao aprender, o que muda não é apenas a quantidade de informação que o aluno possui sobre um determinado tema, mas também a sua competência (aquilo que é capaz de fazer, de pensar, de compreender), a qualidade do conhecimento que possui e as possibilidades de continuar aprendendo. Dessa perspectiva, é óbvia a importância de ensinar o aluno a aprender a aprender e a ajudá-lo a compreender que, quando aprende, não deve levar em conta apenas o conteúdo objeto de aprendizagem, mas também como organiza e atua para aprender" (Mauri, 1999, p. 88).

O desenvolvimento cognitivo, além de informações específicas, depende da experiência prática do aluno e – no caso da Sociologia, uma das ciências com múltiplas vertentes – da capacidade de contradizer ideias anteriores e polemizar com os autores estudados com as suas próprias posições. O professor tem a oportunidade não só de ensinar os seus alunos, mas também de ensinar uma metodologia de estudo, o que lhes garante uma melhora significativa na aprendizagem geral. Pesquisas apontam que os alunos que possuem um método para estudar têm melhor desempenho em todas as áreas do conhecimento, se comparados com aqueles que o fazem atabalhoadamente, sem seguir um roteiro prévio. Portanto, ter um método de estudo é de fundamental importância para a vida de qualquer pessoa.

Como método para estudar Sociologia, sugerimos os seguintes passos inspirados em Solomon (1999):

1) Pergunte-se, antes de iniciar a leitura: qual é o assunto, qual é o plano do capítulo.
2) Realize uma primeira leitura rápida do assunto, para ter uma visão global do texto.
3) Leia novamente, desta vez mais demorada e refletidamente, de modo a:
   a) assinalar as partes importantes;
   b) perceber a ideia principal;
   c) apreender detalhes importantes;
   d) relacionar as partes;
   e) criticar, quando for o caso;
   f) levantar dúvidas.
4) Escreva sempre sobre o que leu. As anotações podem ser breves transcrições, elaboração de esquemas e/ou de resumos, conclusões obtidas, análises e críticas pessoais. E não esqueça de anotar as referências bibliográficas.

Resumindo: ler, sublinhar, anotar as partes principais e fichar o que leu. O estudo eficiente depende da boa técnica de leitura.

A técnica de leitura implica ler com objetivo preestabelecido, propondo-se a aprender determinado assunto, repassar e responder questões. Ler unidades de pensamento, abarcando num relance o sentido de um grupo de palavras e relatar rapidamente as ideias encontradas. Ler Sociologia não é a mesma coisa que ler um romance, pois a leitura de textos científicos exige que analisemos e avaliemos o que lemos, atentos ao vocabulário e conceitos utilizados.

Antes da aula, o professor deve recomendar aos alunos a leitura do capítulo a ser tratado, para que eles não sejam simples ouvintes, mas interlocutores. Em aula, será aprofundada a temática proposta e sua compreensão requer desdobrar e relacionar as partes com outras já vistas, comparando-as para esclarecer melhor. As atividades que o professor motiva ajudam a melhor entender o conteúdo que está sendo estudado, relacionando-o com assuntos anteriores. Chegar a uma síntese só será possível após a análise, que são os passos descritos. O esforço de síntese ativa a capacidade de julgamento pela seleção dos aspectos mais significativos a serem formulados de modo integrado.

Para poder explicar satisfatoriamente os fenômenos nas várias dimensões, a Sociologia dialoga com outras disciplinas da área social, sem a pretensão de superar as contradições, mas de tratá-las em um meio onde não são únicas as respostas e as teorias explicativas. A Sociologia busca reunir o acontecimento, o elemento e a informação ao contexto histórico e também os diversos contextos: o parcial ao global, o uno ao múltiplo; a ordem à desordem; a lógica àquilo que a ultrapassa. Os conceitos são apresentados como históricos e provisórios no tempo e espaço.

A leitura em Sociologia: algumas orientações

Para iniciar o estudo em Sociologia:

Realize a leitura no livro-texto, anotando no caderno as ideias expostas sobre o assunto que você considera principais. A leitura é condição necessária ao bom andamento da aula e à realização dos seus objetivos. A leitura é imprescindível para o estudo da realidade social pela ótica da Sociologia. Veja as orientações de Solomon (1999) sobre a leitura eficiente:

> Como encontrar a ideia principal?

a) **Do parágrafo**: de modo geral, um parágrafo contém uma só ideia principal, que normalmente começa por uma frase importante, explicada e ilustrada em seguida, sendo acompanhada de frases adicionais. Para efeito estético, às vezes o autor deixa a frase principal para o fim.

b) **Do capítulo:** faça um exame inicial do capítulo, atentando para os títulos e subtítulos, procurando captar o esboço ou o plano das ideias e argumentos seguidos pelo autor. Procure distinguir as ideias principais dos argumentos de sua comprovação. Faça as perguntas tradicionais: O quê? O que é? Em que consiste? Quem? Quando? Onde? (quais as circunstâncias); Por quê? (os motivos, as causas, as condições determinantes); Para quê? (a finalidade, os objetivos).

As anotações das leituras auxiliarão a pontuar as ideias centrais e os detalhes importantes, fixando a aprendizagem.

> O método de estudo é fundamental.

Leitura trabalhada: ler e anotar*

🖉 "Foucault destaca que o poder não se localiza numa única instituição ou no Estado, nem pode ser concebido como algo que o indivíduo cede ao soberano, a um governo enfim, porque ele é uma relação de forças. Sendo uma relação, o poder está em inumeráveis situações microssociais, ou seja, está na relação empresário e empregado, entre o homem e a mulher, o professor e o aluno, entre pais e filhos, dentro dos grupos sociais. O indivíduo, portanto, está atravessado por relações de poder, uma vez que o poder também produz efeitos de verdade e de saber, confirmando que 'toda forma de saber produz poder'.

> Foucault: o poder não está restrito ao Estado

> Poder em todas as relações

Foucault dá especial atenção à análise do discurso, ao considerar que o poder age através dos discursos, moldando as atitudes populares em relação a fenômenos como o crime, a loucura, a sexualidade. Em *Vigiar e Punir*, Foucault (1977) trata da sociedade disciplinar, identificada a partir dos séculos XVII e XVIII, em que um sistema de controle social conjuga técnicas de classificação, seleção e vigilância, multiplicadas numa rede de poderes capilares. Nessa dissecação do corpo social, os indivíduos são catalogados para melhor controle" (Araújo, Bridi e Motim, *Sociologia:* um olhar crítico, 2009, p. 143).

> Papel do discurso

---

* Atenção: se o texto estiver impresso em apostila de seu uso exclusivo ou em folha de papel avulsa, você pode sublinhar as ideias principais no próprio texto.

Uma leitura trabalhada significa que o aluno não apenas leu, mas também procurou reter as informações centrais do texto, anotando-as. Isso caracteriza a técnica de estudo.

Exposição e sistematização de conteúdos significativos

As aulas expositivas ainda têm espaço na escola? Apesar de alguns educadores acreditarem que aprendizagem ativa significa banir a aula expositiva, defende-se aqui a sua necessidade, pois é o professor que detém maior experiência e conhecimento para organizar, mediar e encaminhar o processo de aprendizagem. Além disso, a organização e a forma como o professor estrutura o pensamento sobre algum autor e certos aspectos da realidade são também objeto de aprendizagem e fazem parte do currículo oculto. A aula expositiva ocorre em dois momentos básicos: para contextualizar o objeto de estudo e para a análise estrutural e conjuntural desse objeto.

O primeiro momento da exposição tem por objetivo situar, localizar, definir, caracterizar, em sentido amplo, o objeto de estudo, auxiliando o aluno na leitura realizada e nas atividades que também envolvem os exercícios de fixação, que desenvolverá em seguida. O segundo momento da exposição é mais detalhado, ou seja, a partir da leitura e da contextualização para melhor compreensão do tema, passa-se a uma análise estrutural e conjuntural mais consistente, refletindo os aspectos centrais e periféricos dos fenômenos nas dimensões políticas, econômicas, sociais e culturais. É a ocasião em que o professor dialoga com o aluno e o indaga sobre o tema estudado.

> A participação do aluno é considerada ponto de partida na construção do conhecimento. Uma aula expositiva pode ser perfeitamente participativa e dialogada, dependendo de como ela é encaminhada pelo professor.

Para uma aula com diálogo é mister que os alunos realizem a leitura prévia recomendada sobre o assunto, antecipando-se à aula propriamente dita. Isso ocorrerá se o professor estabelecer essa dinâmica e, em algum nível, houver cobrança da leitura. Caso o aluno perceba que ler não chega a fazer diferença, é quase certo que deixará de fazê-lo e procederá a leitura somente na véspera da realização da prova. A experiência nos mostra que a leitura prévia do assunto possibilita a troca, o diálogo entre o professor, o aluno e a turma, além de contribuir para um caminhar mais autônomo dos alunos, pois estes não são meros ouvintes da exposição do professor, mas ativos sujeitos na relação ensino-aprendizagem.

A aula expositiva pode ser realizada com certa frequência e será produtiva se o professor adotar estratégias apropriadas, como a leitura prévia e questões reflexivas sobre a temática, que possibilitam uma aula dialogal, problematizadora e participativa. Possivelmente, quanto mais complexo o assunto, maior será o tempo de exposição oral do professor, mesmo dividido em partes.

Se o professor tem por objetivo que o aluno participe da aula, alguns encaminhamentos prévios precisam ser acertados, tais como: a leitura do texto, a elaboração de questões, o levantamento de dúvidas (oral ou escrito), o fichamento de textos, as respostas previamente elaboradas às questões centrais. As atividades de aprendizagem dependem das estratégias utilizadas, dos conhecimentos anteriores, do controle pelo aluno sobre os processos cognitivos. Cabe ao professor criar os meios para que o aluno, a partir do conteúdo, adote estratégias adequadas ao aprendizado, propiciando reflexões que o levem a aprender a aprender e a aprender a pensar.

Exemplo de aula expositiva

Conteúdo: O nascimento da Sociologia

Uma aula expositiva pode começar com o professor dialogando junto à classe sobre os conhecimentos que os alunos já possuem, sobre as transformações econômicas e políticas na segunda metade do século XVIII, as revoluções social, industrial e do pensamento que contribuíram para a consolidação do sistema capitalista. A partir das respostas que obtém dos alunos, o professor tem como avaliar e decidir sobre o grau de profundidade com que abordará o contexto histórico do aparecimento da Sociologia. É certo que não encontrará uma turma homogênea em termos de informações, pois alguns saberão mais, outros demonstrarão ter uma vaga ideia e outros poderão não se lembrar de nada ou não conhecer. Desse modo, é necessário que o professor retome tais conteúdos, de maneira a evocar o que os alunos sabem, aproveitando os conhecimentos prévios e possibilitando aos que já conhecem a ampliação do conhecimento que a nova abordagem propicia. Essa tem por objetivo mais do que ensinar sobre revoluções, analisar com os alunos as novas condições que tornaram possível e necessária uma ciência social, a qual, se valendo da História e de outras ciências, tem objeto próprio e uma forma específica de apreensão da realidade social.

Exemplificando, para trabalhar o contexto do surgimento da Sociologia, é necessário fazer uma retomada histórica do sistema capitalista, que se consolidou com as "Revoluções Burguesas". Lembre-se de que o aluno, embora tenha estudado essas revoluções em outras disciplinas, tende a não associar automaticamente esse conhecimento com o novo conteúdo a ser estudado. O professor precisa contextualizar, por meio de exposição oral, podendo ser seguida ou não de esquema com a conceituação básica para acompanhar e caracterizar as novas condições econômicas, políticas e sociais geradas no século XVIII e que se estendem para épocas posteriores. Os conceitos centrais nesse caso são: Revolução Industrial, Revolução Francesa, iluminismo e capitalismo.

Situar os alunos no tempo e no espaço não é uma tarefa exclusiva da História ou da Geografia. Nas aulas de Sociologia, os conhecimentos que envolvem a localização dos fenômenos sociais e sua demarcação no tempo são fundamentais para a apreensão da realidade social. O número de aulas destinadas à análise do contexto das Revoluções Burguesas depende do nível de conhecimento dos alunos. Para tanto, o professor pode designar a leitura de uma bibliografia específica sobre o conteúdo.

A leitura do texto a ser estudado – que chamamos aqui de leitura prévia – é importante, porque propicia aos alunos participarem ativamente da aula. Para o aprendizado de Sociologia, ler, sublinhar e anotar devem ser estratégias incorporadas às práticas de estudo do aluno.

Os esquemas ou roteiros de aula

Qual é o sentido da preparação dos roteiros e esquemas de aula? Os esquemas feitos pelo professor ou pelo próprio aluno auxiliam-no a participar ativamente da aprendizagem, pois proporcionam a captação da ideia principal, dos detalhes importantes, das definições, das classificações, dos conceitos e categorias-chave. Os esquemas ajudam a assimilar a matéria. Recordamos melhor quando participamos da realização de alguma tarefa, como a esquematização, a fim de que a visualização permita a compreensão e a assimilação do conteúdo. Solomon (1999) recomenda alguns processos:

a) O ato de repassar fixa o conhecimento, ao reduzir em poucas linhas ou páginas, o conteúdo de um capítulo ou um subitem do programa;

b) O inter-relacionamento dos fatos e ideias;

c) O estabelecimento do plano lógico, pois para esquematizar é preciso compreender e estabelecer a subordinação das ideias;

d) A classificação dos fatos segundo um critério de caracterização;
e) A localização dos acontecimentos no tempo e no espaço.

Características dos esquemas

Os esquemas têm características que os distinguem de outros recursos didáticos justamente por guardarem:
a) Fidelidade ao texto original, uma vez que contêm as ideias do autor;
b) A estrutura lógica do assunto, pelo fato de organizarem as ideias a partir das mais importantes;
c) Adequação ao assunto estudado, além de funcionalidade, isto é, são úteis e flexíveis. Assuntos profundos, com muitas informações possibilitam esquemas ricos em detalhes;
d) Utilidade no seu emprego, significando que devem ajudar e facilitar a revisão e não atrapalhar o estudo, se incompletos ou de difícil decifração;
e) O caráter pessoal das anotações: os esquemas variam de pessoa para pessoa. O esquema do professor pode ajudar a revisar/repassar/nortear o assunto e suas ideias centrais; porém, o aluno deve fazer os seus próprios esquemas, aprender a fazer as suas anotações.

Os esquemas elaborados pelo professor e/ou pelo aluno são estratégias importantes, que facilitam a lembrança e a retenção do que foi estudado. O esquema é visual. Veja o seguinte exemplo:

Exemplo de esquema

O contexto histórico do aparecimento da Sociologia

Duas grandes revoluções: Revolução Industrial (1750 – 1850)
Revolução Francesa (1789)

Transição = Alterações econômicas e sociais mostraram-se "anormais", a ponto de transformarem radicalmente as ideias dos homens sobre a sociedade.

Os operários: camponeses e artesãos arruinados; expulsos das terras e aldeias, vivem em precárias condições de alojamento e de promiscuidade / o artesão perde a qualificação / desenraizamento.

Urbanização ⇔ industrialização ⇔ crescimento populacional (Década de 1980 = cerca de 4 bilhões de pessoas, hoje = mais de 6 bilhões ⇨ aumento da expectativa de vida, decréscimo da mortalidade infantil)

Século XVIII ⇨ a desigualdade social transformara-se em um grave problema. Rousseau descobre que a origem da desigualdade está na propriedade privada.

Começa uma tradição de pensamento e investigação.

O aparecimento da Sociologia
– Do interior da sociedade industrial/capitalista = valores e modos de viver desintegravam-se.
– A sociedade em transição carecia de uma teoria que explicasse a ordem vigente.
– Aparecimento da noção moderna de igualdade dos cidadãos no Estado e a formação de uma classe social ⇨ necessidade de pesquisa e de uma Sociologia científica para compreender a desigualdade social.

Nascimento da Sociologia como ciência

Século XIX ⇨ começa o desenvolvimento de uma autolegislação profissional. ⇔ primeiros esforços de sistematização e delimitação do objeto de estudo da Sociologia ⇔ Mundo Moderno

Papel inicial da Sociologia
- Marcada pela reflexão dos homens sobre si mesmos;
- O social é colocado em questão com base no modelo das ciências da natureza;
- Discutia-se a possibilidade de por em prática os princípios proclamados pela Revolução Francesa e a viabilidade de uma sociedade racional nas condições do progresso industrial.

A Sociologia como ciência
Tarefa da Ciência: tornar inteligível o real
O real ⇔ é diverso / pode ser apreendido por diferentes pontos de vista; explica a multiplicidade das ciências, que precisa ser elucidada por fazer parte do real.
Durkheim ⇨ método: captar a realidade de maneira objetiva = as ciências naturais.

O método como um produto histórico
* não há método perene: os conceitos científicos podem perder universalidade / não há mais interesse em procurar o novo sobre os traços do antigo e o espírito científico não pode progredir senão criando novos métodos.

As ciências humanas enquanto ciências
Ciências humanas não são exteriores aos homens, como as ciências físico-químicas, mas constituem a análise da ação social, de sua estrutura, das aspirações que a animam e das alterações que sofre.

A Sociologia
- Desfruta uma reputação ambivalente (estímulo à subversão e revolta; ou enfadonha e tediosa);
- Empreitada controvertida / dissenso;
- Lida com o objeto observável;
- Depende de pesquisa empírica;
- Envolve a formulação de teorias e de generalizações que dão sentido aos fatos.

Natureza dos seres humanos x Objetos materiais

> **O que é a Sociologia?**
> É o estudo da vida social humana, dos grupos e das sociedades. O que se toma como natural, inevitável, bom ou verdadeiro = resulta de forças históricas e sociais (Giddens, 1984).
> O que é específico da Sociologia, já que outras ciências também estudam as sociedades?
> - Sociedades que nasceram na esteira das Revoluções Francesa e Industrial.
> - Estudo das instituições nas sociedades avançadas ou industrializadas e das condições de funcionamento dessas instituições.

A participação cotidiana do aluno

Existe consenso sobre a importância da participação do aluno em sala de aula. O que significa essa estratégia e qual é o seu alcance para desenvolver o trabalho educativo?

É fundamental a avaliação da participação como medida contínua e qualitativa na aquisição do conhecimento. Ela se refere à participação do aluno no decorrer das aulas, à realização das tarefas, das leituras solicitadas, à organização do caderno como espaço de sistematização diária das informações. É nessa relação cotidiana que o professor observa as facilidades e as dificuldades do aluno, tanto em sua capacidade de expressão oral quanto de sua produção escrita.

A avaliação contínua permite ao professor perceber a relação do aluno com o conteúdo, como ele lida com as informações, com os colegas, os valores que explicita, além de sua inserção crítica na realidade para, através do diálogo cotidiano, obter uma atuação transformadora. A participação constante e pertinente exige disciplina por parte do aluno, disciplina entendida como a formação interior de um comportamento inteligente, em que o aluno aprenda a se dirigir, saiba se colocar objetivos e adotar meios para alcançá-los. A disciplina consiste na tomada de consciência das exigências da vida pessoal e social e na busca da autonomia.

> Os critérios adotados para a avaliação da participação precisam estar acertados com os alunos e devem nortear o comportamento pedagógico, desde o primeiro dia de aula.

Os alunos costumam valorizar quando a relação é previamente acertada. Surpreendê-los com avaliações instantâneas ou outras formas, tais como "cartas tiradas da manga" pelo professor, podem gerar conflito na relação pedagógica, por isso são importantes os critérios e sua pertinente explicitação.

Seguem exemplos de elementos a serem questionados e observados pelo professor, em atenção especial ao aluno: a) Faz o trabalho por si? b) É atento? c) É passivo em relação ao objeto do conhecimento? d) Participa ativamente dos debates e painéis? e) Faz as atividades propostas? f) Coloca-se diante do grande grupo? g) Prefere pequenos grupos em que participa melhor? h) Realiza as leituras solicitadas? i) Expõe a sua opinião, posiciona-se? j) Tem dificuldades em trabalhar em grupo? l) Entrega tarefas e outras solicitações com pontualidade? m) O caderno é organizado e fonte de sistematização das informações? n) Faz anotações, complementa, corrige? o) Expressa-se oralmente com clareza? p) Tem o discurso oral mais elaborado do que o escrito? q) Busca bom relacionamento com os colegas e os professores? r) Contribui para tornar o ambiente de estudo adequado? s) Utiliza estratégias adequadas para o estudo? t) Demonstra ter método de estudo?

Essas observações podem indicar ao professor onde precisa intervir para auxiliar o aluno a realizar a sua aprendizagem.

Debate cotidiano, painel de debate e júri simulado

DEBATENDO EM SALA DE AULA

Qual é o modo de estruturar atividades como debates ou júri simulado?

Debate sem preparação não faz o aluno avançar nos seus conhecimentos, uma vez que ele não conseguirá utilizar argumentos fundamentados no pensamento científico. Portanto, um debate ou quaisquer outras atividades que levem o aluno a argumentar, a contrapor ideias, exigem uma estruturação anterior que inclui o planejamento de leituras e diversificação de fontes. A leitura trabalhada, isto é, uma leitura bem feita, com anotações das ideias centrais, levantamento de questões e a caracterização geral do tema, é pré-requisito para o debate e um dos aspectos relevantes retomados durante a discussão.

O debate pode ser definido como um momento de pequenas sistematizações do pensamento e não se apresenta estanque da sistematização oral, ao contrário, proporciona o interagir ao mesmo tempo em que serve de suporte à sistematização escrita e vice-versa. Normalmente a realização de debate ocorre a partir de temas polêmicos, em que os elementos subjetivos estão em jogo. Organizado para explorar posições conflitantes e antagônicas, o debate favorece a participação individual ou em grupo e a tomada de posição de cada aluno frente ao assunto.

> O debate propicia a oportunidade de contrapor posições sobre questões a serem apreciadas de vários pontos de vista, de expor teses centrais, argumentar, fazer inferências, construir hipóteses, confrontar ideias, dialogar, apontar soluções e encaminhamentos.

De modo geral, o que suscita um debate são as contradições ou as polêmicas sociais. Por exemplo, um grupo defende o Estado liberal, outro contra-argumenta. É possível conciliar a concentração de empresas, trustes, *holdings,* cartéis, com concorrência e leis de mercado, teoricamente próprias do capitalismo liberal? Quais são as contradições entre as ideias pregadas pelos defensores do capitalismo, da economia de mercado e a realidade econômica que, na prática, tem eliminado a concorrência, favorecendo um número reduzido de empresas controladoras das principais atividades econômicas no mundo? Como isso nos afeta?

Para esse debate, os alunos necessitam das informações e de uma iniciação adequada em conceitos sociológicos centrais tais como capitalismo liberal, sua ideologia, capitalismo de Estado, neoliberalismo e o domínio de dados da realidade, além de lidar oralmente com esses dados para fundamentar as ideias. Cabe ao professor problematizar, questionar, colocar a dúvida, trazer novos dados que alimentem o debate. A estratégia do debate contribui para uma inserção mais crítica do aluno na sociedade e um pensar sobre as contradições do sistema econômico dominante, além de possibilitar o levantamento de hipóteses com relação às pequenas empresas, à condição social dos trabalhadores e outras questões.

Exemplo de debate

Tema:
Tomando como referência o conceito de violência, exposto a seguir, discuta as causas da violência presente nas grandes cidades e outras manifestações consideradas violentas.

A violência não se restringe a danos físicos

"Caracteriza-se como violência uma situação de interação, na qual um ou mais atores agem de maneira direta ou indireta, maciça ou esparsa, causando danos a uma ou várias pessoas, seja em sua integridade física, em suas posses, seja em sua integridade moral, afetando suas participações simbólicas e culturais, analisa Yves Michaud (1989). Isso significa que a violência não está restrita apenas a danos físicos. Há violência também quando uma pessoa é atingida na sua subjetividade, na sua cultura ou em sua dimensão psicológica, denominada pela Sociologia como violência simbólica" (Araújo, Bridi, Motim, *Sociologia:* um olhar crítico, 2009, p. 194).

Como já dissemos, o debate exige preparação e estudos prévios sobre o tema e, para isso, é imprescindível que os alunos preparem suas argumentações lendo uma bibliografia mínima indicada, além de fazer pesquisas em jornais e revistas.

Você pode organizar um debate dividindo a turma em dois ou mais grupos. É importante definir o coordenador dessa atividade e as regras para polemizar, pois um debate, além dos conteúdos em discussão, também envolve capacidades cognitivas e normas como: saber esperar a sua vez para falar, posicionar-se, respeitar os interlocutores, praticar a educação democrática etc.

Vejamos alguns critérios para avaliação do debate:

- A preparação do aluno para o evento (leituras, esquemas etc.);
- A clareza e a objetividade com que o aluno expõe;
- O domínio das informações e dos conceitos envolvidos;
- O levantamento de questões pertinentes;
- As contribuições que extrapolam o assunto, enriquecendo-o;
- A capacidade de julgamento e de discernimento;
- A posição diante dos colegas: saber ouvir, saber respeitar, mesmo discordando;
- A capacidade de argumentação e o teor da mesma;
- A defesa de seu ponto de vista (pautada pelo estudo da questão);
- O aproveitamento da fala do colega para exemplificar e/ou continuar expondo.

JÚRI SIMULADO

A estratégia do júri simulado, em que se reproduz um julgamento com defesa, acusação, testemunhos, é útil para os alunos perceberem quando uma situação está permeada por explicações, dimensões variadas, não necessariamente mais satisfatórias para a maioria das pessoas.

A avaliação dessas estratégias não se dá apenas no momento do debate ou do júri, é anterior a esses, pois o aluno que acompanhou o processo de leitura e preparação (fase anterior) estará em melhores condições de participar ativamente. Ao final, o professor pode solicitar aos alunos que destaquem – por escrito – os pontos importantes da temática em questão. No caso do júri, eles podem justificar o seu voto e a sua posição, inclusive por escrito, com relação ao objeto do julgamento.

Exemplo de um júri simulado

Tema: Discutindo o papel do Estado.

Proposta:

Trata-se de uma adaptação para a realização de júri em sala de aula, de maneira a envolver todos os alunos. Com a turma dividida em dois grupos, o professor escolhe cinco ou seis alunos que farão o papel de advogados de defesa da intervenção do Estado na economia e o mesmo número de alunos para a acusação. Nesse caso, são esses os alunos que atacarão a figura do Estado, criticando a sua atuação e intervenção na economia e suas implicações na sociedade. O professor pode optar em escolher um juiz, que preparará as regras e coordenará a atividade do julgamento.

Cada grupo – defesa e acusação – deverá buscar a fundamentação de seus argumentos com o auxílio de uma bibliografia mínima indicada pelo professor, além de pesquisas próprias em jornais, revistas, livros etc.

Os demais alunos serão considerados os membros do júri simulado, sendo que todos votarão ao final pela INTERVENÇÃO ou pela NÃO INTERVENÇÃO, com uma justificativa da opção realizada, que pode ser anônima ou não.

Algumas observações sobre essa atividade:

O que foi mostrado é apenas um exemplo de tema e uma proposta de organização, pois é o professor quem tem condições de criar, modificar, adaptar sua estratégia e realizá-la conforme o seu programa de trabalho. Chamamos a atenção ao fato de a estratégia do júri caber melhor para temas polêmicos, ocasião em que o professor pode aproveitar para suscitar no aluno o sentido da busca, da argumentação, o posicionamento pessoal diante das informações, da atenção às contradições etc. O cunho desta atividade é essencialmente pedagógico. O resultado da votação do júri e suas respostas também podem e devem ser analisados e avaliados com o conjunto da turma.

SEMINÁRIOS

Uma estratégia de ensino-aprendizagem muito utilizada na graduação e pouco nas fases escolares anteriores é a realização de seminários temáticos. Esse recurso é importante para o desenvolvimento e a exercitação da oralidade, da argumentação, do respeito ao outro, do saber ouvir e intervir. Por envolver pesquisas, também deve ser precedido – tal como o trabalho escrito – de um roteiro de orientações sobre as atividades, as temáticas, a bibliografia, os critérios de avaliação etc. Juntamente com o planejamento do professor e de suas aulas, é preciso assegurar um ambiente democrático na sala de aula, onde todos sejam incentivados a se expressar. O diálogo é fundamental nas aulas de Sociologia, mas Freire e Shor (1986) alertam para que ele não seja apenas uma técnica para se conseguir melhores resultados ou uma tática para fazer amigos e conquistar pessoas; isso não é caracterizado diálogo, e sim mera manipulação. O ambiente, sendo cooperativo e diferente de práticas autoritárias individualistas e competitivas, objetiva que cada um possa realizar de fato a sua aprendizagem. Observemos uma sugestão de roteiro de seminário:

Roteiro de seminário

Data de entrega e apresentação:
1. Justificativa:
No presente, a aceleração e a diversidade das transformações sociais, econômicas, políticas e culturais colocam-nos o desafio de compreender e aguçar o nosso discernimento sobre a realidade mediante análises sociológicas contemporâneas. Como forma de complementar e ampliar os conhecimentos desenvolvidos, serão realizados seminários de estudos sobre temáticas e/ou autores, definidos pelos alunos e/ou pelo professor.

2. Orientações gerais:
- Escolha um dos temas relevantes para o grupo;
- Defina o objetivo e contextualize esse tema;
- Além da bibliografia sugerida pelo professor, outras fontes podem ser pesquisadas;
- Faça um pequeno recorte do que será estudado, situando o contexto (espaço, tempo, temática etc.);
- Como o tema em questão é analisado pela Sociologia?
- Identificação e definição de questões sociológicas e as implicações sociais suscitadas pela temática abordada;
- Elaboração de um texto básico, pontuando as principais conclusões do grupo sobre o assunto. A valorização do trabalho não está na quantidade de páginas, mas na qualidade do que é escrito, na bibliografia utilizada, no discernimento teórico e na clareza quanto à perspectiva de análise apresentada.

3. Bibliografia (algumas indicações)
O professor deve fornecer um mínimo de títulos de obras recomendadas e de fácil acesso aos alunos.

Se o professor combinar com os alunos alguma produção escrita por eles a partir dos seminários, tal produção precisa ser orientada pelos critérios de avaliação, que podem ser: contextualização, análise e argumentação; domínio conceitual e da linguagem da ciência; elaboração própria (originalidade e objetividade); aspectos formais; bibliografia.

O seminário é também uma estratégia para incentivar a participação do aluno e a oralidade, sendo importante a explicitação dos critérios de avaliação da apresentação, tais como: observação quanto aos argumentos; domínio dos conceitos sociológicos; exposição de maneira objetiva; clareza das ideias e explicitação das teses do(s) autor(es) apresentado(s); encaminhamento de propostas no caso de serem problemas de natureza social.

A produção escrita

No processo de aprendizagem, a escrita está certamente entre as habilidades mais importantes e o desenvolvimento desta habilidade não pode ficar a cargo somente da disciplina de Língua Portuguesa ou Literatura. Por ser um aprendizado que envolve o conjunto das disciplinas, todas elas podem contribuir para o aluno aprender a escrever melhor e com mais consistência.

Exemplificando, na disciplina de Sociologia, após a leitura, o levantamento de dúvidas, o debate e os dados complementares trabalhados, o aluno sistematiza o seu entendimento, por escrito, o qual pode conter questões reflexivas, questões-problema ou mesmo ideias centrais do conteúdo. A apresentação escrita é uma exigência e um dos componentes fundamentais do processo de avaliação, podendo ser através de resenhas, resumos, pesquisas, relatórios, levantamentos sociais, sínteses, redações, elaboração de jornal ou revista etc. A Sociologia, juntamente com outras disciplinas escolares, deve contribuir para uma escrita competente do aluno e isso acontece nas atividades que o levem a trabalhar com a produção de textos, levantando questões capazes de exigir argumentação, análise, comparação, síntese, relações, descrição, narração.

> A produção escrita, em qualquer atividade proposta, precisa ter orientação para apresentar coerência, coesão, clareza e aprofundamento adequado ou suficiente do assunto tratado, além de primar pela correta apresentação na língua portuguesa.

Nas séries iniciais, o professor recolhe os cadernos e corrige individualmente as atividades, porém, à medida que o aluno avança na escolarização é iniciada a prática de autocorreção de parte da sua produção escrita. No ensino médio, a correção feita pelo aluno é utilizada cotidianamente, a partir de chaves de correção fornecidas pelo professor, por escrito ou oralmente. Escrever é um aprendizado contínuo e o professor pode colaborar para a melhoria da escrita com orientações gerais:

   a) Desenvolva a questão dando uma sequência lógica ao texto;
   b) Procure organizar as ideias em segmentos específicos de escrita; cada parágrafo tem o objetivo de tratar de determinado aspecto/assunto;
   c) Evite repetições desnecessárias de determinadas palavras;
   d) Procure ligar as ideias, "costurar" as partes do texto em parágrafos e também no interior deles;
   e) Enriqueça as informações, fundamentando o que afirma, exemplificando, fornecendo detalhes importantes, argumentando e se posicionando.

> É oportuno insistir no posicionamento pessoal do aluno, para que esteja respaldado nos conhecimentos científicos acumulados, pois esse é o papel da escola.

Os trabalhos de pesquisa também são produções escritas e direcionadas de forma que os alunos possam construí-los com encadeamento das ideias, coerência entre elas, objetividade, com texto dispondo de começo, meio e fim, atendendo os critérios estabelecidos. A avaliação é uma decorrência do caminho traçado e efetivamente trilhado pelos alunos que, ao obedecer os critérios estabelecidos, corrobora para a sua democratização. A explicitação dos critérios cumpre o papel de orientar o aluno para a realização de sua própria avaliação da aprendizagem, um balanço do seu progresso ou não.

ESCREVENDO TEXTOS EM SOCIOLOGIA

Após a discussão, análise, reflexão, levantamento de questões, debates e aulas dialogais, visando à compreensão dos fenômenos sociais, o aluno deve ser instigado a elaborar um texto, seja respondendo a uma questão-problema, seja discorrendo sobre uma questão suscitada pelo estudo do tema. É uma reconstrução que o aluno desenvolve sobre a temática estudada.

Para fazer um bom texto é necessário compreender o assunto estudado, ou seja:

> O quê? (o fenômeno social)
>
> Onde? (em que contexto)
>
> Como? (de que maneira se apresenta na realidade)
>
> O que dizem os autores? (as interpretações)
>
> Por quê? (as razões, as causas)
>
> As relações? (o que liga o tema a outros fenômenos)

É importante identificar os aspectos mais significativos para que possa formulá-los de forma globalizada e integrada. Vejamos algumas dicas no exemplo:

	Texto
Inicie situando o assunto no tempo e no espaço. Em seguida, desenvolva a questão dando uma sequência lógica ao texto. Procure organizar as ideias em segmentos específicos da escrita (cada parágrafo tem o objetivo de tratar determinado aspecto/assunto). Evite repetições desnecessárias de determinadas palavras. Procure ligar, "costurar" as partes do texto, quer entre parágrafos, quer no seu interior. Enriqueça as informações fundamentando o que afirma (exemplificando, fornecendo detalhes, argumentando, posicionando-se). Conclua.	"O termo 'indústria cultural' foi empregado pela primeira vez em 1947, por Horkheimer e Adorno, que queriam dizer: a produção da cultura pelos meios de comunicação de massa assume um espírito que insufla o consumo, levando as massas a ouvirem a voz do seu senhor. Numa conferência radiofônica, em 1962, Adorno (1987) reafirma essa concepção: 'as produções do espírito no estilo da indústria cultural não são mais *também* mercadorias, mas o são integralmente'. Fenômenos inteiramente novos acontecem e Adorno se referia à integração, a partir do alto, dos consumidores, via produção racionalizada da cultura característica do hoje. O sistema da indústria cultural reorienta as massas, impondo-lhes esquemas de comportamento que se frustram na própria felicidade ilusoriamente propiciada. A multiplicação das obras de arte e dos espetáculos e o acesso facilitado ao consumo de bens culturais, graças ao desenvolvimento tecnológico, estabelecem uma junção entre a tecnologia facilitadora, a cultura difusa, o poder e a economia. Assim, podemos dispor na parede da nossa sala de uma gravura, entre milhares confeccionadas, do famoso quadro da *Monalisa*, de Leonardo Da Vinci (1498), porque a indústria cultural – no singular, por ser um sistema global de produção da cultura, enquanto mercadoria – incorpora-se ao jogo das instituições sociais. Isso quer dizer que a indústria cultural se posiciona em relação ao Estado e à sociedade civil organizada, dita modismos e suscita novos hábitos culturais, desde um corte de cabelo a um show de bandas pop, aos quais nos sentimos impulsionados a aderir ou assistir. Essa capacidade de delinear uma identidade de valores de consumo põe em comunicação diferentes segmentos sociais e é uma característica da cultura de massa. Uma das discussões estabelecidas pela Sociologia quanto à indústria cultural é de que o desenvolvimento da técnica tenha permitido o acesso das classes trabalhadoras aos bens culturais – teatro, cinema, museus, obras de arte etc. – antes restritos às elites, mas também constituiu na maneira da sociedade burguesa manter sua posição social." (Araújo, Bridi, Motim, *Sociologia:* um olhar crítico, 2009, pp. 116 e 117).

AS PROVAS

As provas não são e não devem ser os únicos instrumentos de avaliação utilizados. Juntamente com outras atividades desenvolvidas pelos alunos durante um determinado período, as provas escritas e objetivas compõem o quadro que permite ao professor avaliar o trabalho efetuado em sala. Apresentamos duas estratégias comuns de avaliação e sistematização dos conteúdos:

a) Avaliação dissertativa

A avaliação dissertativa é o momento de sistematização escrita pelo aluno do que aprendeu. É uma decorrência das atividades escritas, das leituras, das questões desenvolvidas, das análises feitas em sala de aula, debates etc. Pode ser com ou sem consulta, desde que as questões possibilitem ao aluno sistematizar o conteúdo, demonstrando o que efetivamente entendeu e expondo as suas reflexões críticas sobre a temática estudada.

O tipo de questão nas provas dissertativas exige do aluno compreensão, relação, comparação, análise, síntese, reflexão, posicionamento crítico. As avaliações dissertativas envolvem principalmente a habilidade cognitiva, entretanto deve haver correspondência entre as aulas e o que é valorizado na sistematização escrita, pois as aulas tendem a orientar a ênfase na atividade de estudo do aluno.

Estes são alguns critérios que se colocam, de modo indagativo, para a correção da avaliação escrita: a) Há clareza das informações? b) As informações estão de acordo com o conteúdo solicitado? c) Os dados estão corretos? Não há informações contraditórias? d) Há generalizações que tornam as informações imprecisas? e) Estabelece as relações solicitadas? f) O aluno reelabora o conhecimento expressando-se com as suas próprias palavras? g) Demonstra aprender a noção de processo/

identificação das transformações? h) Há logicidade/raciocínio/sequência no texto? i) Tece suas conclusões sobre o objeto em estudo? j) A argumentação está bem articulada? l) Analisa os aspectos solicitados? m) Utiliza a linguagem da ciência?

Exemplo de prova escrita ou dissertativa

1) Como Manuel Castells, em sua obra *O poder da identidade* (1999), discute a questão da mídia e o seu papel cultural na sociedade contemporânea? Como você analisa a mídia tendo como referência as suas experiências pessoais e o estudo desse tema?

> A questão proposta sugere que o aluno conheça a análise de um determinado autor sobre o tema, no caso, sobre a mídia e o seu papel cultural. A questão tem, porém, um desdobramento, ao solicitar o posicionamento pessoal do aluno, de modo que ele possa demonstrar domínio sobre a análise do autor estudado e elabore a sua própria visão, a partir da avaliação entre o que foi escrito e a sua vivência pessoal. Esse exercício é importante para que o aluno aprenda a raciocinar sociologicamente.
> A questão exige:
> **análise ⇔ síntese ⇔ posicionamento pessoal**

2) Observe a tabela abaixo e desenvolva a questão proposta.
Brasil: maior e menor salários pagos em 2006

Salários extremos	Valor mensal (em R$)	Comparativo entre os salários (M/m)
Maior salário (M)	R$ 120.000,00 mensais	1.714,3 vezes
Menor (m) remuneração	R$ 70,00	

Fonte: Dados do IBGE e do Ipea (apud Pochmann, 2007).

a) O que demonstra a tabela?
b) De acordo com o que você estudou, quais as razões de haver essa disparidade de renda no Brasil?
c) O que significa a afirmação de que a desigualdade social no Brasil é histórica?
d) É possível reduzir a desigualdade social no Brasil? De que maneira?

> A questão proposta exige que o aluno interprete a tabela, compare os valores, se dê conta do tamanho da disparidade de renda e, consequentemente, consiga explicar as razões dos baixos salários pagos no Brasil. A questão sugere uma relação entre baixos salários e desigualdade social. Portanto, essa relação deve ser estabelecida pelo aluno mediante as informações obtidas nas leituras realizadas e nas aulas. Como na letra c), a questão propõe que o aluno justifique porque a desigualdade no Brasil é histórica, ele deverá ampliar a questão da desigualdade para além da questão salarial, mostrando um mínimo conhecimento de nossa história e alguma reflexão sobre os mecanismos de reprodução da desigualdade no país, como o analfabetismo, a concentração da riqueza pessoal e em algumas regiões etc. Na finalização da questão, ao se pedir que o aluno exponha seu olhar crítico e criativo, significa que, a partir do conhecimento da questão, ele tem como vislumbrar saídas.
>
> A questão exige: **análise** ⇔ **interpretação** ⇔ **comparação** ⇔ **relação** ⇔ **capacidade de julgamento e de avaliação**

3) Analise o contexto histórico-social que explica/justifica o aparecimento da Sociologia e seu(s) objeto(s) de estudo.

> Esta questão exige do aluno a capacidade de análise do contexto histórico em que surgiu uma ciência da sociedade e também a capacidade de estabelecer relação entre determinados contextos (Revolução Industrial; Revolução Francesa) e a Sociologia.
> A questão exige: **análise** ⇔ **relação** ⇔ **domínio de informações**

4) Escolha um fenômeno social de permanência na atual realidade, por exemplo, a família ou o trabalho, e analise como Marx, Weber ou Durkheim explicariam tal fenômeno.

> Trata-se de uma questão que, embora pareça simples, exige do aluno a habilidade de observação da realidade, classificação e a sua interpretação de acordo com os autores considerados clássicos da Sociologia.
> A questão exige: **classificação** ⇔ **interpretação** ⇔ **observação** ⇔ **relação** ⇔ **capacidade de julgamento e de avaliação**

b) Avaliação objetiva

Uma prova objetiva implica correta interpretação das questões, sequenciação temporal, domínio das informações e dos conceitos. Avaliação objetiva tem por finalidade verificar as noções de tempo, espaço, transformações, além de capacitar o discernimento teórico e conceitual do aluno. Ao contrário do que geralmente se pensa, a prova objetiva, desde que elaborada adequadamente e de modo intencional, também exige habilidades de pensamento. Tais habilidades, além da memorização, consistem: na interpretação de textos – comparação entre duas ou três alternativas; na avaliação da resposta mais adequada; na inter-relação dos fatos ou fenômenos sociais, políticos, econômicos, históricos; na identificação de relações de causalidade, efeitos/consequências; em ordenar corretamente no tempo e no espaço os fenômenos sociais, os fatos e acontecimentos; na distinção entre afirmações verdadeiras ou falsas; no domínio de conceitos; na transferência de conhecimento para outras áreas.

Exemplo de questões objetivas

1) Nas últimas três décadas, a ideologia neoliberal norteou as ações de muitos governantes, na América Latina e no mundo.
Assinale a opção que caracteriza adequadamente o neoliberalismo:

   a) Diferentemente dos liberais clássicos (do século XVIII), que pregavam a completa liberdade econômica, os neoliberais defendem o disciplinamento da atividade econômica com a criação de regras para garantir a sobrevivência da economia de mercado.
   b) O neoliberalismo não tem relação com o liberalismo econômico do século XVIII.
   c) De maneira geral, pela observação da realidade, podemos afirmar que a adoção de políticas neoliberais pelos governos levou ao crescimento do emprego, aumentos salariais para os trabalhadores e diminuição da concentração da riqueza.
   d) Significa que o Estado deve intervir na economia, regulamentando mercados e salários, a fim de evitar crises econômicas e sociais.

   > Trata-se de uma questão que exige, além do domínio de informações, a compreensão do conceito de liberalismo econômico, situar no tempo e espaço o neoliberalismo e a diferenciação do conceito no passado e no presente.
   > Envolve: **comparação** ⇔ **interpretação** ⇔ **relação**

2) Sobre as classes sociais <u>não</u> podemos afirmar:

I – Classe depende de diferenças econômicas entre agrupamentos de indivíduos, da desigualdade de posse e do controle de recursos materiais.
II – Para Bourdieu (1983b), a distinção entre os indivíduos não se dá com base em fatores econômicos ou ocupacionais, mas pelos gostos culturais, atividades de lazer, estilos de vida e padrões de consumo.
III – Weber (1979) distingue hierarquias sociais com base no prestígio, na renda e no poder.
IV – As classes sociais, tal como analisou Marx, estão presentes na história da humanidade, desde a Antiguidade.

Marque a opção correta:

a) Está incorreta apenas a I.
b) Está incorreta apenas a III.
c) Está incorreta apenas a IV.
d) Está incorreta apenas a II.

> A questão exige domínio das teorias de classe de autores clássicos e contemporâneos da Sociologia e a compreensão da especificidade do capitalismo em relação a outros sistemas de estratificação social.
> Envolve: **Domínio de conceitos** ⇔ **interpretação**

Trabalhos, pesquisa extraclasse e projeto de pesquisa

> *Como sempre, as perguntas que fazemos é que têm importância, pois incorporam as maneiras de ver e sentir que definem o que estamos procurando e como falamos disso.*
> Alan Dawe, *Teorias da ação social*, 1980.

A elaboração de trabalhos extraclasse envolvendo a pesquisa é uma atividade importante na escola; não deve se constituir num instrumento para dar nota ao aluno. O momento histórico que vivemos exige que a escola auxilie o aluno a aprender a aprender. É nesse contexto que os trabalhos de pesquisa ganham significado. Os trabalhos bibliográficos e/ou de pesquisa de campo com tema definido consistem em uma das formas de aquisição de conhecimento de maior envolvimento do aluno. A pesquisa não está dissociada do processo ensino-aprendizagem, ao contrário, é elemento determinante dela. Os trabalhos de pesquisa devem ser orientados e acompanhados em todas as suas etapas pelo professor e, como a realidade do professor de ensino médio não comporta acompanhamentos de pesquisa individuais, estas podem ser desenvolvidas em equipes, com a vantagem adicional de o aluno aprender a trabalhar em grupo. As pesquisas podem ser bibliográficas, exploratórias, descritivas, explicativas e estudos de caso.

> Pesquisar temas que estejam em consonância com o conteúdo em estudo contribui de modo significativo para a aprendizagem do aluno e para o seu pensar crítico e criativo.

Como vantagens da estratégia de pesquisa, citamos a possibilidade de leitura e sistematização, a avaliação da seriedade científica na elaboração de pesquisas e o aprofundamento de temas de interesse pessoal. A construção ativa e interativa do conhecimento permite o desenvolvimento da autonomia e criatividade pessoais e a realização de trabalhos em grupos, que demandam habilidades associativas e de negociação por parte dos alunos.

O objetivo principal de trabalhar a pesquisa no ensino médio e mesmo em séries do ensino fundamental é fazer com que o aluno aprenda a ser parceiro de trabalho. Nesse sentido, "a relação precisa ser de sujeitos participativos, tomando-se o questionamento reconstrutivo como desafio comum", alerta Pedro Demo (1997, p. 2). Os pressupostos para se propor trabalhos de pesquisa e projetos de pesquisa consistem na convicção de que a educação, que oportuniza a pesquisa, possibilita aos alunos fazerem suas próprias perguntas e questionamentos e compreendam tanto o processo de conhecimento quanto como ele é construído.

Além de levarem dúvidas a verdades estabelecidas, os trabalhos de pesquisa são a base da educação escolar por fortalecer a cidadania elaborada na escola, aquela que se fundamenta no conhecimento adquirido sobre o próprio trabalho de investigação. O valor da pesquisa não desmerece o espaço das aulas, a convivência escolar, a transmissão ativa do conhecimento historicamente elaborado e as relações pessoais e coletivas daí decorrentes. Por partilhar da convicção de que a educação pela pesquisa é a especificidade da vida escolar e acadêmica, admitimos que se deve constituir numa atitude cotidiana para o professor e para o aluno. Apostamos na escola para estimular a investigação e a descoberta do conhecimento, provocando um salto de qualidade no ensino dos adolescentes.

Os trabalhos de pesquisa podem ser encaminhados de duas maneiras:

a) Os alunos seguem um roteiro de pesquisa fornecido pelo professor: o que pesquisar? (o assunto, quais relações estabelecer...); o caminho que o aluno deve seguir (como fazer a pesquisa, passos a serem dados, formas de organização...); e para quê? (os objetivos do trabalho devem estar previamente definidos, porque servirão como critérios para a sua avaliação). Para essa avaliação, pergunta-se: o que foi proposto, como foi realizado e se os objetivos foram atingidos.

b) Projeto de pesquisa elaborado pelo aluno sob a orientação do professor. Aqui é o aluno quem escolhe o tema, faz as perguntas, problematiza a realidade a ser pesquisada, isto é, questiona-a. Do ponto de vista cognitivo, desde que devidamente orientados, os alunos conseguem desenvolver satisfatoriamente projetos de pesquisa no ensino médio. É uma estratégia que permite ao aluno elaborar suas próprias perguntas, ao invés de responder sobre um tema dentro de uma linha de pesquisa, sobre a qual o professor definiu uma temática geral, em que tenha maiores possibilidades e familiaridade teórica de orientar. O rigor científico e de pesquisa deve estar adequado a essa etapa da vida escolar, uma vez que as elaborações não podem estar além da experiência teórica e prática do aluno e nem têm o rigor do ensino em nível superior. Em ambas as formas, o professor precisa assegurar-se de uma bibliografia básica, criteriosamente pesquisada.

Sugerimos como etapas da elaboração do projeto:

1) Escolha do problema:

Toda investigação tem início com algum tipo de problema de pesquisa. Na abordagem científica, "problema é qualquer questão não resolvida e que é objeto de discussão, em qualquer domínio do conhecimento" (Gil, 1999, p. 49). E é importante que o problema a ser pesquisado tenha relevância social e política e produza um novo conhecimento. Nesta etapa, o aluno deve fazer abordagem histórica e contextualizar o tema de estudo, problematizando no tempo e no espaço com referenciais teóricos que ajudem a delimitar o problema a ser pesquisado. A partir da problematização, uma ou mais hipóteses são estabelecidas para serem analisadas e procuradas no decorrer da pesquisa. Constituem presumíveis respostas ao problema a ser investigado; são suposições que se adotam e serão aceitas ou rejeitadas somente depois de testadas.

2) Justificativa:

Nesta fase, o aluno explica por que optou em estudar (pesquisar) o tema e não outro; qual a importância e o significado histórico do assunto escolhido; qual a relevância da pesquisa, geralmente com base em pesquisa bibliográfica.

3) Objetivo(s):

A definição do(s) objetivo(s) é importante para orientar a ação do aluno no ato de pesquisar. Ao explicitar o que pretende demonstrar/comprovar com o desenvolvimento do assunto, o aluno pesquisador tem condições de procurar e indagar a realidade com maior clareza.

4) Metodologia:

Como se trata de projeto, é importante a descrição de como se pretende realizar a pesquisa, que meios de investigação serão utilizados, qual o caminho a percorrer, estabelecendo relação entre os principais conceitos-chave da investigação e a escolha da técnica de pesquisa a ser utilizada (questionário, entrevista, dados primários etc.).

5) Fontes bibliográficas:

Esta fase já é um tipo de pesquisa que tem por objetivo mobilizar o aluno em busca do tema; o aluno indica as fontes em que se apoiou para elaborar o projeto e quais delas pretende utilizar na pesquisa. Cabe ao professor orientar quanto à bibliografia, fazer outras sugestões e encontrar meios para acompanhar as leituras dos alunos. Caso o professor não faça indicações de bibliografia, deverá conhecê-la e inteirar-se a respeito, uma vez que a bibliografia utilizada garante em parte a qualidade acadêmica e científica. É importante deixar claro – inclusive como medida orientadora para o aluno – quais critérios serão adotados para a avaliação dessa etapa, conforme o Quadro 4.

Resta ainda considerar que o professor, conhecedor das facilidades proporcionadas pela internet, precisa atentar para a elaboração própria do aluno e utilizar-se de meios para assegurar alguma originalidade na fase escrita da pesquisa; para esse fim, roteiros de trabalho e questões para reflexão são boas estratégias. Para a utilização de material da internet, serve a mesma orientação observada para a bibliografia impressa. Se não houver um cuidado especial quanto à elaboração de questões, há o risco de os alunos copiarem páginas da mídia eletrônica, de enciclopédias digitais e de outras fontes, invalidando os reais propósitos da metodologia adotada.

Alguns alunos tentam manipular, outros testam o professor, outros escrevem literalmente tudo o que acharam na enciclopédia ou na internet, sem o cuidado de selecionar as informações necessárias para o desenvolvimento do trabalho, porém a continuidade da utilização dessa estratégia apresenta-se imprescindível, pois é o espaço por excelência para o exercício da autonomia e do aprender a aprender.

O roteiro de pesquisa precisa ser elaborado de forma a levar o aluno a reelaborar o conhecimento e de fato aprender a aprender e aprender a pensar. Não se trata, porém, de um trabalho fácil de ser avaliado pelo professor, daí a necessidade fundamental da adoção e da explicitação de critérios, dando-lhe segurança e facilitando a sua tarefa.

A seguir, um roteiro de orientação para uma das etapas de elaboração de trabalho de pesquisa em equipe:

Elaboração de trabalho de pesquisa em equipe

1) Selecione a bibliografia;
2) Organize um cronograma para as atividades necessárias à realização da pesquisa;
3) Faça as divisões de tarefas para cada componente do grupo, o que não significa cada um fazer uma parte, pois todos os membros da equipe deverão estar inteirados de todo o trabalho;
4) Colete os materiais: recortes de jornais, revistas, sinopses de filmes que serão utilizados para análise, documentos, questionários ou roteiros de entrevista, pesquisa de campo etc. Todos os elementos que serão utilizados na pesquisa deverão ser organizados;

> Até o dia "D", mostre ao professor orientador os materiais coletados, as leituras já realizadas, os textos escritos etc.
> A organização do material para a pesquisa, a seleção adequada da bibliografia e das fontes de dados e de informações, a organização do grupo, o envolvimento pessoal de cada componente da equipe, a leitura e a elaboração correta dos resumos serão critérios para a avaliação.
> As aulas destinadas à elaboração do trabalho constituirão oportunidades para discussão, análises do grupo sobre o problema/pesquisa, orientações.
> 5) Algumas sugestões de bibliografia;
> 6) Critérios de avaliação.

Após a pesquisa de materiais e as leituras realizadas pela equipe – caso o trabalho seja proposto em grupo –, é preciso também orientar a redação final. Não se trata de ensinar fórmulas, mas de orientar para o aprender a fazer.

É comum ouvir, mesmo de alunos universitários e de pós-graduação, reclamações sobre a falta de orientação para a realização de trabalhos. De certo modo, a orientação mais objetiva aparece no momento em que o professor avalia e dá o seu parecer sobre o trabalho realizado. Nessa ocasião, o professor expressa o que faltou no trabalho, os pontos fortes e fracos, como o aluno deveria ter realizado etc. Mas isso ocorre tardiamente, no momento da definição da nota, quando as observações do professor servirão somente para futuros trabalhos. Se isso pode acontecer na educação superior, na educação fundamental e média, a tendência é se potencializar, pois são nessas fases da escolarização que os alunos estão aprendendo tanto os conteúdos, quanto os modos de aprender a aprender e aprender a fazer. Dessa forma, nenhum trabalho deve ser passado ao aluno sem um roteiro definido, não apenas para deixar claro o que se deseja, mas também porque é um instrumento fundamental para orientação do aluno e um valioso meio que permite, no decorrer da pesquisa, a autoavaliação e autocorreção. Por isso, insistimos na importância de roteiros de trabalho que incluam o que fazer, quais os objetivos, como fazer, sugestões bibliográficas, como será a avaliação e os seus critérios. Trabalhos realizados em equipe exigem uma especial atenção do professor e da própria equipe, no sentido de que todos os participantes contribuam de modo efetivo para a sua realização.

Orientações para a escrita da pesquisa realizada em conjunto

O trabalho final deverá constar:
a) introdução; b) desenvolvimento; c) conclusões; d) bibliografia.

1 – Introdução

O texto produzido como relatório da pesquisa deve criar o interesse do leitor pela pesquisa desenvolvida, abordando: o que (o problema), a importância, o contexto histórico, retomada da(s) hipótese(s), o que pretende mostrar.

2 – Desenvolvimento

É a pesquisa propriamente dita que ocorre nesta fase. É nesse momento que tudo o que foi lido e estudado deve ser escrito de forma clara, lógica, apresentando as informações obtidas e devidamente analisadas pela equipe. Evitar copiar e, se for necessário, colocar entre aspas as devidas citações e fazer referências. É preciso respeitar a autoria intelectual e não haver apropriação indevida, além de sempre citar os autores.

O desenvolvimento pode ser apresentado em texto corrido ou em forma de capítulos como se fosse um livro. É importante estar atento ao que foi apresentado no projeto inicial, o problema de pesquisa, as hipóteses e buscar analisá-los no desenvolvimento. Os dados colhidos na pesquisa de campo devem aparecer no desenvolvimento do trabalho e ser devidamente analisados (ilustrando informações, confirmando, negando, comprovando etc.). O questionário, o roteiro das entrevistas, as respostas obtidas e a tabulação dos dados devem aparecer apenas nos anexos (ou apêndice). Esses elementos informam somente os passos que a equipe procedeu.

A análise propriamente dita deve aparecer no corpo do trabalho. Lembrar que os dados dizem muito pouco, é o pesquisador que os interroga, daí a necessidade de análise e apreciação. Os dados obtidos deverão ser analisados a partir das reflexões e proposições teóricas que a equipe realizou.

Para analisar, decompõem-se os fatos, as informações, os elementos nos seus diversos componentes para compreender. Para que a análise tenha maior consistência, é necessário fazer relações desses elementos com o que já foi visto, com as visões do grupo e dos autores pesquisados.

3 – Conclusão

É o fechamento do trabalho, ou seja, nesta última etapa, os alunos devem comentar se as hipóteses levantadas confirmaram-se ou não, apresentando outras descobertas que a equipe fez no decorrer da pesquisa. Chegar às conclusões só é possível após a pertinente análise (passos descritos anteriormente). Na conclusão, utiliza-se muito da capacidade de julgamento para a seleção dos aspectos mais significativos, que serão formulados de forma globalizada e integrada, respondendo ao problema, à hipótese que a equipe formulou.

4 – Bibliografia

Listagem de todas as obras apresentadas na forma de referências, segundo normas da ABNT* (livros, revistas, sites etc.), efetivamente consultados e utilizados no desenvolvimento da pesquisa.

5 – Anexos

Colocar o projeto de pesquisa corrigido pelo professor e também os roteiros de entrevistas e/ou questionários utilizados, com a tabulação.

---

*ABNT – Associação Brasileira de Normas Técnicas.

Como se processa a avaliação de um trabalho de pesquisa, realizado individual ou coletivamente? O roteiro de orientação, que define os critérios para a correção, também explicita o processo de avaliação, que deve acontecer a partir das orientações dadas. A avaliação é uma decorrência da metodologia utilizada.

Quadro 4 – Critérios para avaliação de projetos de pesquisa e escrita da pesquisa

Elaboração do projeto de pesquisa	A escrita da pesquisa
1. Formulação do problema e da hipótese: é adequada, clara, consistente, verificável? 2. Elaboração e estruturação do texto: há originalidade? A elaboração própria está garantida? Há correta paragrafação, pontuação, ortografia, sequência temática? 3. Contextualização e localização das informações no tempo e espaço: há fundamentação e aprofundamento suficientes? O aluno expressa as razões da sua escolha? Reconhece a importância e relevância do tema? É ressaltado o significado do problema? 4. Seleção de materiais e bibliografia, cronograma das atividades de pesquisa: A bibliografia é adequada, atualizada? Os prazos de execução são factíveis e obedecidos?	1. O aluno introduz o assunto corretamente? Contextualiza? Desenvolve e conclui adequadamente? 2. Há uma sequência lógica do texto? 3. Os dados estão corretos? 4. Confronta diferentes reflexões? 5. Tenta inferir e concluir? 6. Faz as necessárias relações de ideias? 7. Trabalha e responde adequadamente à problematização feita? 8. É objetivo e claro? 9. Oralmente, expõe com desenvoltura o assunto? 10. Tece críticas, propõe soluções?

Fonte: Bridi, 2006. Reelaboração das autoras, 2008

Como normalmente esse tipo de trabalho é feito em grupo, no ensino médio, é importante observar se o aluno apresenta uma atitude cooperativa, orientando-o nesse sentido.

Observações empíricas sobre trabalhos de pesquisa, que envolvem a aplicação de questionários ou entrevistas – e mesmo a utilização correta das fontes bibliográficas, –, demonstram que uma das maiores dificuldades dos alunos está em analisar corretamente os dados e tirar conclusões a partir deles. Isso pode significar haver pouca compreensão sobre como ocorre a produção de saberes e indicar uma escolarização ainda muito fundamentada na transmissão de conhecimentos. Tais dificuldades não devem desmotivar o professor em proporcionar esse tipo de estratégia de trabalho, pelo contrário, devem incentivá-lo a inserir os alunos no mundo da produção de conhecimentos.

Exemplo de roteiro de trabalho

Tema: A estrutura fundiária no Brasil e a violência.
Justificativa:
O tema central da pesquisa refere-se à estrutura fundiária no Brasil, no século xx, um assunto polêmico, que gera discussões e controvérsias.
A pergunta que norteará a pesquisa é:
Como a estrutura fundiária brasileira, entre outros problemas sociais, gera a violência?
Trata-se de um dos principais problemas sociais do Brasil, com graves desdobramentos. Resolver os problemas decorrentes da questão da terra no Brasil é de fundamental importância para uma melhoria significativa das condições sociais do país...
Objetivo Geral:
Analisar a questão fundiária do Brasil e a sua direta relação com a violência no campo...
Metodologia:
Para a realização desse trabalho, dispor de entrevistas com líderes do Movimento dos Trabalhadores Rurais Sem Terra (MST), artigos publicados na mídia, literatura pertinente, entrevistas com cooperativas e proprietários de terras, sindicatos etc.
Bibliografia

Utilização de recursos audiovisuais

É importante que os recursos audiovisuais sejam utilizados com planejamento, consciência e parcimônia. Do ponto de vista pedagógico, é desinteressante, por exemplo, passar um filme, para preencher uma aula ou substituir um professor. A alfabetização midiática é uma necessidade no mundo contemporâneo, mas a transmissão de filmes e/ou *slides* deve primar por serem significativos e relacionados aos assuntos que estão sendo estudados; nenhum recurso material substitui o professor.

Cada filme, cada imagem utilizada, deve ser pensada a partir dos conteúdos estudados.

As observações do aluno, a respeito do filme, podem seguir um roteiro de observação: imagens mais importantes, costumes de época, contexto social retratado, relação com o conteúdo estudado, ideias e valores passados pelo filme (Bridi, 2002). Exemplo de roteiro:

1) Nome, autor, período em que foi produzido, gênero (drama, comédia, "suspense", ficção etc.);
2) A temática básica do filme e outros temas sociais observados;
3) Especificação de tempo e espaço em que ocorre a trama;
4) A fala dos personagens principais/ o que pensam/ o que traduzem;
5) Imagens mais importantes;
6) Costumes de época/ cultura/ valores/ contexto social ambientado;
7) Identificação de ideias e valores passados através do filme e também ideias e valores por ele questionados;
8) Semelhanças e diferenças do período apresentado com a realidade atual;
9) Críticas e observações sobre a trama do filme/ a realidade mostrada;
10) Relação entre o filme e os conteúdos sociológicos aprendidos.

É importante salientar que nem sempre os filmes indicados correspondem ao tipo de cinema que o aluno aprecia e está habituado, havendo necessidade de apontar para o aluno o cunho artístico do filme e seu valor pedagógico. Refletir com ele o porquê do gosto por um determinado filme, que provavelmente faz parte do processo histórico em que estamos vivendo.

Recomendamos disponibilizar títulos de filmes e sugeri-los de acordo com as temáticas sociológicas trabalhadas, pois nem sempre o professor tem possibilidade de vê-los com os alunos, em vista da reduzida carga horária da disciplina de Sociologia. Uma recomendação apropriada é entrar em acordo com professores de outras disciplinas para desenvolver um trabalho em conjunto. A estratégia da utilização de filmes pode servir para suscitar questões, ilustrar ou concluir uma temática multidisciplinar.

Outros recursos audiovisuais, como a utilização do computador, de músicas de época, fotos e charges, poesias, podem funcionar como ilustrações de partes dos fenômenos estudados ou integrar o objeto de estudo, na medida em que deixam transparecer uma realidade ou uma crítica social.

O mundo atual – feito de imagens e com grande parte da comunicação mediada por computadores – trouxe a necessidade de a escola desenvolver junto aos seus alunos novos conhecimentos na educação fundamental e média que, segundo Kellner (2001), configuram-se como alfabetizações visual, midiática e informática, como segue:

Visual: estratégia que desperta a aprendizagem de apreciação, a avaliação e interpretação, a utilização e crítica das imagens.

Midiática: utilização dos meios de comunicação para interpretações e críticas de propagandas, filmes, jornais, documentários etc., análise de imagens de gênero, etnia, classe social, raça, enfim, dos elementos formadores da cultura. Implica a discussão de valores morais e comportamentos apresentados na mídia. Convém estabelecer critérios para avaliação estética de textos e imagens; desenvolver a sensibilidade à imagística visual, ao som e ao discurso, à sua estrutura narrativa, os significados e efeitos dos textos; desenvolver uma atitude crítica quanto às informações e às ideologias passadas pelos meios de comunicação de massa.

Informática: recurso que exige aprender a usar tecnologias de computador para fazer pesquisas, recolher informações e perceber a cultura do computador como veículo que contém textos, espetáculos, jogos e multimídia interativa.

O conceito de novas alfabetizações deve ser expandido, pois não basta o domínio técnico sobre a utilização dos computadores, tais como acessar informações e material educativo, usar correio eletrônico e serviços de listas, construir websites etc.; é preciso que sejamos, professores e alunos, treinados para a informação e a multimídia, para bem poder utilizá-las. Pelo fato de serem recursos que requerem a promoção de habilidades mais sofisticadas do que a leitura e a escrita tradicionais e demandarem a capacidade de dissecar a informação, é importante saber encontrar a informação e, principalmente, saber como organizá-la, interpretá-la e avaliá-la. Consideramos que percorrer os campos mutantes da cibercultura e participar de uma cultura digital e interativa inclui o trabalho, a educação, a política, a cultura, a ética e a vida cotidiana.

A escola está desafiada a desenvolver alfabetizações múltiplas, como afirma Kellner (2001, p. 7), porque se torna preciso "combinar as habilidades da alfabetização crítica da mídia com a alfabetização tradicional da imprensa e com as novas formas de alfabetizações múltiplas para acesso e domínio dos novos ambientes de multimídia e de hipertexto". Isso é possível a partir de um planejamento carregado de intencionalidade e estratégias possibilitadoras de tais alfabetizações, via conteúdos escolares.

Exemplificando um roteiro de filme

No exemplo que apresentamos a seguir, o roteiro foi adaptado para o documentário *A corporação*, que, diferente da maioria dos documentários e filmes, apresenta seus argumentos em vários segmentos. Cada um deles traz uma problemática ou um eixo próprio que oferece a possibilidade de ser assistido em partes e, ainda assim, compreender e discutir a narrativa e os argumentos centrais apresentados a respeito das grandes corporações ou empresas transnacionais e de seu papel no mundo de hoje. Acompanhemos o roteiro, com as anotações sobre o filme.

> **Roteiro**
>
> 1) Nome, autor, período em que foi produzido, gênero (drama, comédia, suspense, ficção etc.).
> **Filme:** *A corporação*. Direção de Mark Achbar e Jennifer Abbott, 2004, 144 minutos. Trata-se de um documentário baseado no livro de Joel Bakan: *The corporation: the patological pursuit of profit and power*. Apresenta entrevistas com executivos, críticos, historiadores e ativistas, incluindo Noam Chomsky, Naomi Klein, Vandana Shiva, Milton Friedman e Michael Moore.
> 2) A temática básica do filme e outros temas sociais observados.
> O filme tem como tema o caráter dominante e o poder das corporações no mundo. Discute a natureza, a evolução e o papel social que as transnacionais desempenham no atual quadro capitalista. Apresenta um paradoxo: a criação de riquezas pode produzir uma sociedade afluente e, ao mesmo tempo, prejudicar indivíduos e grupos. Ao comparar as corporações a indivíduos,

o filme mostra a mudança de personalidade da corporação para pessoa jurídica, que dá a ela o caráter de pessoa; com muitos direitos semelhantes aos de uma pessoa: vender, comprar etc., porém com responsabilidade limitada. A Corporação é definida como uma pessoa de tipo especial, portadora de uma patologia mental, cuja maior preocupação é com os acionistas. Não tem alma, nem corpo a salvar.

3) Especificação de tempo e espaço em que se dá a trama.
O filme trata do tempo presente, embora mostre o nascimento das corporações na era industrial, com as primeiras grandes fábricas (século XVIII) e a sua evolução até se transformar no que são hoje: empresas com fortes poderes sobre os seres humanos.

4) Fala dos personagens principais / o que pensam / o que retratam.
São vários os personagens, abrangendo desde executivos de grandes corporações, que são indagados sobre as atividades de suas companhias, até pessoas comuns. Podemos destacar o jornalista Michael Moore, que se coloca no documentário como um personagem que questiona e procura mostrar as contradições sob as quais está assentado o mundo das grandes empresas. Outro destaque é o cientista social Noam Chomsky, que analisa o marketing das corporações, alertando para a sua manipulação de crianças através de publicidades, com o objetivo de instigar a população a consumir, a desenvolver desejos, a levar as pessoas a trocar dinheiro por bugigangas. Chomsky ressalta as pesquisas e a própria utilização da psicologia para tornar mais eficiente a influência da publicidade sobre as crianças – consumidores do futuro. Desse modo, discute a "filosofia da futilidade".

5) Imagens mais importantes.
Algumas imagens chamam mais a atenção, como, por exemplo: o gado leiteiro deformado pelo uso de medicamentos para aumentar a produtividade; o mal provocado aos animais: experiências da Monsanto com vacas de leite nos EUA, a reprodução alterada de animais, o emprego de antibióticos e hormônios, com efeito nos alimentos. Isso é crise de natureza ética.

Outra figura de linguagem cinematográfica é a comparação entre as corporações e as graves patologias mentais dos homens, bem como a imagem das maçãs, quando basta um fruto podre e os demais do cesto apodrecerão.

6) Identificação de ideias e valores passados através do filme e, também, ideias e valores questionados pelo filme.

Dentre as ideias passadas pelo documentário, destacamos o diagnóstico sobre a ação das corporações que prejudicam os empregados, quando procedem cortes de pessoal, hostilizam os sindicatos etc. Há crítica também ao descaso pela segurança alheia; à incapacidade da corporação em manter um relacionamento duradouro com seus empregados; à insensibilidade e repetidas mentiras; à incapacidade de sentir culpa e seguir normas sociais. Para isso, o documentário mostra a realidade em diversos países, sobretudo do terceiro mundo, sobre a exploração do trabalho e do ambiente, a ausência de preocupação com a sustentabilidade ambiental, os males causados pela corrida ao lucro desmedido – que desconhece e passa por cima dos direitos à vida e ao equilíbrio ambiental. As corporações causam problemas à biosfera, provocam situações de acúmulo de lixo nuclear e rios poluídos. Assim retratada, a corporação é quase uma máquina a causar destruição, alheia a questões morais, éticas e aos danos ao planeta.

7) Relação entre o filme e os conteúdos sociológicos aprendidos.

O filme remete-nos a vários conteúdos estudados, dentre eles: o papel do Estado na regulação dos mercados; as relações de poder que estão além dos partidos políticos e do Estado; a cultura do consumismo e suas implicações sociais; os problemas relacionados à extrema exploração do trabalho e do ambiente etc.

Em defesa de uma Sociologia crítica no ensino médio

> *O saber não se limita a interpretar o mundo, mas tem como alvo transformá-lo.*
> Paulo Silveira, *Do lado da História*, 1978.

As mudanças aceleradas, nas últimas décadas, em variadas dimensões sociais, as incertezas sobre a ciência, a crise da modernidade e as diferentes interpretações dessa situação de transição atingem a escola na concretude dos saberes disciplinares. Todas as disciplinas, de certo modo, são desafiadas a se redimensionar, adequar-se e/ou adaptar-se às mais recentes descobertas e aos novos conhecimentos produzidos pela humanidade. Os apelos para uma escola atenta a um futuro colocam a instituição em uma permanente situação de luta: ações, de um lado, pelo que deseja conservar e, de outro, por aquilo que pretende mudar. Estão em jogo, ao mesmo tempo, a manutenção do que se caracteriza como uma herança histórica e os marcos civilizatórios da humanidade.

As tantas incertezas que pairam sobre o tempo presente nos convidam a pensar a ciência e a escola para desenhar a visão que fundamenta o ensino da Sociologia na escola. Conceber a ciência como uma interpretação ou representação da realidade, como fazemos na Parte "Ciência na arte de ensinar Sociologia", deste livro, cumpre o papel de fornecer as pistas para um fazer escolar não descolado das reflexões epistemológicas, as quais buscam refletir a crise sobre o conhecimento trazida por diversas vertentes pós-modernas do pensamento social.

Inúmeros pensadores contemporâneos tecem críticas aos conhecimentos produzidos e formatados na era da razão e refletem sobre os seus descaminhos. Essa reflexão convida-nos a reformular o pensamento, de modo que possamos religar os saberes, conectar as várias dimensões humanas, tomar o homem como biopolítico-social e, fundamentalmente, reaprender a lidar com teorias e realidade conflitantes, essência de um pensar dialético. A disciplina da Sociologia, readmitida neste início de milênio na estrutura curricular do ensino médio brasileiro, insere-se neste movimento renovador. Consciente de suas limitações enquanto ciência e da importância em desenvolver os seus conteúdos, sem a dogmatização própria dos pensamentos fundados em relações tipicamente binárias e positivistas, a Sociologia não pode abdicar da sua historicidade e do seu estatuto de cientificidade.

Uma das questões relevantes que o professor de Sociologia enfrenta é, sem dúvida, o questionamento por parte dos alunos quanto à utilidade dessa disciplina para suas vidas cotidiana e profissional. Sem uma reflexão consistente sobre o porquê estudar Sociologia e sem querer construí-la significativamente pode ampliar as situações de indisciplina em sala de aula e corroborar para um conhecimento descomprometido e vazio.

Na Parte II "Construção do conhecimento em Sociologia no ensino médio", analisamos o desenvolvimento biológico e cognitivo do aluno nessa fase da escolarização, demonstrando como o ensino da Sociologia contribui para o desenvolvimento e a aprendizagem, partindo da perspectiva de que ambos são interdependentes.

A análise sobre a aprendizagem sinaliza para as possibilidades cognitivas do aluno e o papel do professor em estimular a aprendizagem. Criar significado, tornar a aprendizagem ligada à realidade do aluno, parece ser uma das tarefas de um professor que não se limita a transmitir conhecimento, mas se compromete em levar o aluno realmente a aprender. Aprender a aprender é, portanto, um objetivo posto à tarefa do professor, potencializada na condição de professor de Sociologia. Nesse sentido, um professor-pesquisador planeja, seleciona os conteúdos e executa o seu programa de trabalho, explicitando as opções feitas e os caminhos a serem percorridos de modo coerente e consistente.

Na terceira parte do livro, "Tempo de mudanças e mudanças na escola: a dialética por metodologia" –, tendo sido anteriormente explicitada a concepção de ciência que norteia o ensino da Sociologia, os processos de construção do conhecimento, sob a perspectiva biológica e social, apresentam-se como um caminho viável, na forma de uma metodologia aberta, flexível e dialética.

Com a clareza de que metodologia e técnicas ou estratégias de ensino são faces distintas, após a reflexão sobre a metodologia, o livro apresenta na quarta parte – "Como trabalhar a Sociologia no ensino médio" – várias sugestões de estratégias metodológicas e avaliativas, dando concretude à metodologia proposta. Toda a estruturação e as práticas sugeridas resultam da experiência profissional didática e pedagógica das autoras e foram efetivamente desenvolvidas na prática escolar.

Os conteúdos (historicamente acumulados), o método (dialético), as estratégias (técnicas) e a avaliação (medida qualitativa) são concebidos como elementos indissociáveis do processo ensino-aprendizagem, de modo a desencadear uma aprendizagem comprometida social e politicamente com a transformação da realidade.

É com uma Sociologia crítica que podemos auxiliar nossos alunos a desfiar a realidade, apreendê-la de forma engajada e criativa. Ao afastar-se da influência do positivismo, a Sociologia leva o professor a se colocar em relação aos conteúdos ensinados, a explicitar seu projeto de trabalho e sua metodologia aos alunos e à comunidade educativa. A Sociologia crítica procura colher da sociedade os elementos de não racionalidade presentes nas sociedades capitalistas, sobretudo aqueles do capitalismo avançado, como os altos níveis de consumismo, de desigualdade social, de precarização do trabalho, de destruição de culturas, da desintegração social, entre outros, para analisar a ação e a estrutura sociais, num misto de dimensões micro e macrossociais.

Conhecer é desenvolver o espírito crítico e a crítica científica não acontece sem uma crítica social, e esse é o papel da Sociologia. Nessa condição, ela traz aos estudantes do ensino médio os questionamentos à realidade, alça à condição de sujeito aquele que constrói o conhecimento e desvenda os mecanismos de poder. Através do olhar sociológico, sob o efeito libertador do conhecimento, a sociedade pode se voltar sobre si e os agentes sociais podem saber melhor o que são."

Bibliografia

ADORNO, T. A indústria cultural. In: COHN, G. (org.). *Comunicação e indústria cultural*. 5. ed. São Paulo: T. A. Queiroz, 1987, p. 287-295.

ALEXANDER, J. O novo movimento teórico. *Revista Brasileira de Ciências Sociais*, São Paulo, n. 4, v. 2, jun./1987, p. 5-28.

ARAÚJO, S; BRIDI, M. A.; MOTIM, B. *Sociologia:* um olhar crítico. São Paulo: Contexto, 2009.

ARAÚJO, S. M. de; CUNHA, L. Ciências do homem – um diálogo entre saberes, um exercício de reflexividade. *Revista de Ciências Humanas*, n. 10, 1º Congresso de Humanidades. Curitiba: Editora UFPR, 2001, p. 11-28.

BACHELARD, G. *O novo espírito científico*. Rio de Janeiro: Tempo Brasileiro, 1968.

BARBUJANI, G. *A invenção das raças*: existem mesmo raças humanas? Diversidade e preconceito racial. São Paulo: Contexto, 2007.

BERMAN, M. *Tudo o que é sólido desmancha no ar*: a aventura da modernidade. São Paulo: Companhia das Letras, 1986.

BOURDIEU, P. *Questões de Sociologia*. Rio de Janeiro: Marco Zero, 1983a.

_____. Gostos de classe e estilos de vida. In: ORTIZ, R. (org.). *Pierre Bourdieu*: sociologia. São Paulo: Ática, 1983b.

BRASIL. Secretaria de Educação Fundamental. *Parâmetros curriculares nacionais*: História /Secretaria de Educação Fundamental. Brasília: MEC / SEF, 1998. Disponível em: <http://74.125.47.132/search?q=cache:W8Z-KQ5PLrkJ:ftp://ftp.fnde.gov.br/web/pcn/05_08_historia.pdf+BRASIL.+Ministério+da+Educação.+Parâmetros+Curriculares+Nacionais>. Acessado em: 14 abr. 2009.

BRASIL. Secretaria de Educação Média e Tecnológica. *Parâmetros curriculares nacionais do Ensino Médio* (Sociologia, Antropologia e Política), parte IV Ensino de Ciências Humanas e Tecnológicas. Brasília: MEC, 2004, p. 36-43. Disponível em: <http://www.escolaesc.com.br/arquivos/PCNhumanas.pdf>. Acessado em: 21 abr. 2009.

Bridi, M. A. *Planejamento individual da 8ª série*. Curitiba: Colégio Nossa Senhora Medianeira, 2001 e 2002 (mimeo).

_____. A perspectiva da complexidade e nossa metodologia. *Planejamento de Área – História e Geografia*, Curitiba: Colégio Nossa Senhora Medianeira, 2004, p. 45-56 (mimeo).

_____. *A construção do conhecimento em História*. Curitiba: Colégio Nossa Senhora Medianeira, 2005 e 2006 (mimeo).

_____. O uso do filme e imagens no ensino de História. *Revista Educação em Movimento*, Curitiba, v. 1, n. 2, maio/ago. 2002, p. 103-106.

Castells, M. *A sociedade em rede*: a era da informação: economia, sociedade e cultura 3. ed. São Paulo: Paz e Terra, 2000, v. 1.

_____. *O poder da identidade*: a era da informação: economia, sociedade e cultura. São Paulo: Paz e Terra, 1999, v. 2.

Coll, C. Os fundamentos do currículo. *Psicologia e currículo*. São Paulo: Ática, 1996, p. 35-63.

Comblin, J. *Vocação para a liberdade*. São Paulo: Paulus, 1998.

Dawe, A. Teorias da ação social. In: Bottomore, T. ; Nisbet, R. (orgs.). *História da análise sociológica*. Rio de Janeiro: Zahar, 1980, p. 475-546.

Dayrell, J. A educação do aluno trabalhador: uma abordagem alternativa. *Educação em Revista*, Belo Horizonte, n. 15, jun./1992, p. 21-29.

_____. A escola como espaço sociocultural. In: Dayrell, J. (org.). *Múltiplos olhares sobre a educação e cultura*. Belo Horizonte: Ed. ufmg, 1996, p. 136-161.

Demo, P. *Educar pela pesquisa*. Campinas/São Paulo: Autores Associados, 1997.

Diwan, P. *Raça pura*: uma história da eugenia no Brasil e no mundo. São Paulo: Contexto, 2007.

Durkheim, É. *As regras do método sociológico*. 14. ed. São Paulo: Editora Nacional. 1990.

Fernandes, F. *Fundamentos empíricos da explicação sociológica*. São Paulo: Nacional, 1972.

_____. Prefácio. In: Moisés, J. A. *Greve de massa e crise política*. São Paulo: Livraria Editora Polis, 1978.

Figueiredo, V. *A ciência da sociedade*. anpocs, 2001 (mimeo).

Flavell, J.; Miller, P.; Miller, S. *Desenvolvimento cognitivo*. 3. ed., Porto Alegre: Artmed, 1999.

Forrester, V. *O Horror Econômico*. São Paulo: Unesp, 1997.

Forquin, J. Introdução: cultura e currículo. *Escola e cultura*. Porto Alegre: Artes Médicas, 1993, p. 9-26.

Foucault, M. *Vigiar e punir*. Petrópolis: Vozes, 1977.

_____. *Microfísica do poder*. 9. ed. Rio de Janeiro: Graal, 1990.

Freire, P.; Shor, Ira. *Medo e ousadia*: o cotidiano do professor. Rio de Janeiro: Paz e Terra, 1986.

Gentili, P. (org). *Pedagogia da exclusão*: crítica ao neoliberalismo em educação. Rio de Janeiro: Vozes, 1995.

Giddens, A. *Sociologia*: uma breve, porém crítica introdução. Rio de Janeiro: Zahar Editores, 1984.

Gil, A. C. *Métodos e técnicas de pesquisa social*. São Paulo: Atlas, 1999.

Gonçalves, L.; Silva, P. *O jogo das diferenças*: multiculturalismo e seus contextos. Belo Horizonte: Autêntica, 1998.

Gramsci, A. *Concepção dialética da História*. Rio de Janeiro: Civilização Brasileira, 1987.

Green, B.; Bigun, C. Alienígenas na sala de aula. In: Silva, T. da (org.). *Alienígenas na sala de aula*. Petrópolis: Vozes, 1995, p. 208-243

Hobsbawm, E. *Sobre História*. São Paulo: Companhia das Letras, 1998.

Ianni, Octavio. A crise de paradigmas na Sociologia. *Revista Brasileira de Ciências Sociais/anpocs*, n. 13, ano 5, jun. 1990, p. 90-101.

_____. As Ciências Sociais e a modernidade-mundo: uma ruptura histórica e epistemológica. *Revista de Ciências Humanas*, v. 1, n. 10, 1º Congresso de Humanidades. Curitiba: Editora ufpr, 2001, p. 29-70.

KELLNER, D. *Novas tecnologias:* novas alfabetizações. Universidade de Columbia. <http://www.filosofia.pro.br/textos/novas-tec-kellner.htm>. Acessado em: 23 out. 2001.

KONDER, L. *O que é dialética.* 3. ed. São Paulo: Brasiliense, 1981.

KOSIK, K. *A dialética do concreto.* Rio de Janeiro: Paz e Terra, 1976.

KRAMER, S. Questões raciais e educação. Entre lembranças e reflexões. *Cadernos de pesquisa.* São Paulo, n. 93, maio 1995, p. 66-71.

LA TAILLE, Y. A indisciplina e o sentimento de vergonha. In: AQUINO, J. (org.). *Indisciplina na escola:* alternativas teóricas e práticas. São Paulo: Summus, 1996.

MAGNOLI, D. *Gota de sangue*: história do pensamento racial. São Paulo, Contexto, 2009.

MARIOTTI, H. *As paixões do ego*: complexidade, política e solidariedade. São Paulo: Palas Athena, 2000.

MARTINS, J. S. *A sociabilidade do homem simples.* São Paulo: Contexto, 2008.

_____. *Sociologia da fotografia e da imagem.* São Paulo: Contexto, 2008.

MARX, K. *Contribuição à crítica da economia política.* São Paulo: Martins Fontes, 1977.

MATTELART, A. *La comunicación masiva en el proceso de liberacion.* 7. ed. México: Siglo Veintiuno, 1980.

MATTOS, R. A. *História e cultura afro-brasileira.* São Paulo: Contexto, 2007.

MAURI, T. O que faz com que o aluno e a aluna aprendam os conteúdos escolares? In: COLL, C. (org.). *O construtivismo na sala de aula.* São Paulo: Ática, 1999, p. 72-122.

MICHAUD, Y. *A violência.* São Paulo: Ática, 1989.

MOONEY, P. *O século XXI*: erosão, transformação tecnológica e concentração do poder empresarial. São Paulo: Expressão Popular, 2002.

MOREIRA, M.; MASINI, E. *Aprendizagem significativa:* a teoria de David Ausubel. São Paulo: Moraes, 1982.

MORIN, E. *Introdução ao pensamento complexo.* Lisboa: Santelmo, 1991a.

_____. *O método IV*: as ideias. Mira-Sintra: Europa-America, 1991b.

_____. *O problema epistemológico da complexidade.* Rio de Janeiro: Europa-América, 1981.

_____. *Ciência com consciência.* 3. ed. Rio de Janeiro: Bertrand Brasil, 1999.

_____. A inteligência da complexidade. In: MORIN, E.; MOIGNE, J. (orgs.) *A inteligência da complexidade.* São Paulo: Peirópolis, 2000, p 90-137.

_____; MOIGNE, J. (orgs.) *A inteligência da complexidade.* São Paulo: Peirópolis, 2000.

NICOLESCU, B. *O manifesto da transdisciplinaridade.* São Paulo: Trion, 1999.

OLIVEIRA, A. U. *Geografia das lutas no campo.* São Paulo: Contexto, 1988.

OLIVEIRA, D.; CHADWICK, C. *Aprender e ensinar.* São Paulo: Global, 2001.

OLIVEIRA, M. K. *Vygotsky:* aprendizado e desenvolvimento; um processo socio-histórico. São Paulo: Scipione, 1999.

OMNÉS, R. *Filosofia da ciência contemporânea.* São Paulo: Afiliada, 1996.

PERRENOUD, P. *Avaliação*: da excelência à regulação das aprendizagens. Entre duas lógicas. Porto Alegre: Artmed, 1999

PIAGET, J. *Seis estudos de psicologia.* Rio de Janeiro: Forense, 1967.

PINSKY, J.; PINSKY, C. B. (orgs.) *História da cidadania.* São Paulo: Contexto, 2003.

PLANEJAMENTO Geral da Área de Ciências Sociais. Curitiba: Colégio Nossa Senhora Medianeira, 2001 (mimeo).

POCHMANN, M. Desigualdade salarial. Disponível em: <http://www.revistaforum.com.br/sitefinal/EdicaoNoticiaIntegra.asp?id_artigo=1408>. Acessado em 20 abr. 2009.

POPPER, K. *Conhecimento objetivo*: uma abordagem evolucionária. Belo Horizonte / Itatiaia / São Paulo: Edusp, 1975.

RAGO, M. Políticas da (In)diferença: Individualismo e Esfera Pública na sociedade contemporânea. *Anuário do Laboratório e Política,* Departamento de Psicologia. UFF, ano II. Rio de Janeiro, 1993.

REGO, T. *Vygotsky*: uma perspectiva histórico-cultural da educação. Petrópolis: Vozes, 1994.

SACRISTÁN, J. G. A Avaliação no ensino. In: SACRISTÁN, J. G.; PÉREZ, G. (orgs.). *Compreender e transformar o ensino*. 4. ed. Porto Alegre: Artmed, 1998, p. 295-351.

SANTOMÉ, J. Política educativa, multiculturalismo e práticas culturais democráticas nas salas de aula. *Revista Brasileira de Educação*, 4, 1997, p. 5-25.

SCHAFF, A. *História e verdade*. São Paulo: Martins Fontes, 1978.

SCHUTZ, A. Textos escolhidos. In: WAGNER, H. (org.). *Fenomenologia e relações sociais*. Rio de Janeiro: Zahars, 1979.

SCHWARTZMAN, S. Paradigma e espaço das ciências sociais. *Revista Brasileira de Ciências Sociais*, n. 4, v. 2, jan. 1987, p. 29-35.

SCOTT, J. (org.) *50 sociólogos fundamentais*. Trad. Paulo Cezar Castanheira. São Paulo: Contexto, 2007.

_____. *50 sociólogos contemporâneos*. Trad. Renato Marques de Oliveira. São Paulo: Contexto, 2009.

SENNETT, R. *O declínio do homem público*: as tiranias da intimidade. São Paulo: Companhia das Letras, 1995.

SILVEIRA, P. *Do lado da História*. São Paulo: Polis, 1978.

SOLOMON, D. *Como fazer uma monografia*. 8. ed. São Paulo: Martins Fontes, 1999.

SOUSA SANTOS, B. *Um discurso sobre as ciências*. 10. ed. Porto: Afrontamento, 1998.

STEARNS, P. N. *Infância*. Trad. Mirna Pinsky. São Paulo: Contexto, 2006.

_____. *História das relações de gênero*. Trad. Mirna Pinsky. São Paulo: Contexto, 2007.

SZTAJN, P. Resolução de problemas, formação de conceitos matemáticos e outras janelas que se abrem. *Educação em Revista*, 20/25, 1997, p. 109-122.

THERBORN, G. *Sexo e poder*. Trad. Elisabete Dória Bilac. São Paulo: Contexto, 2006.

TOURAINE, Alain. *Cartas a uma jovem socióloga*. Rio de Janeiro: Paz e Terra, 1976.

VICENTINO, C. *História Geral*. São Paulo: Scipione, 1997.

VISACRO, A. *Guerra irregular*. São Paulo: Contexto, 2009.

VYGOTSKY, L. *Pensamento e Linguagem*. São Paulo: Martins Fontes, 1987.

_____; LURIA, A.; LEONTIEV, A. *Linguagem, desenvolvimento e aprendizagem*. São Paulo: Ícone/Edusp, 1998.

WALLERSTEIN. I. Análise dos sistemas mundiais. In: GIDDENS A.; TURNER, J. (orgs.). *Teoria social hoje*. São Paulo: Unesp, 1999, p. 447-470.

WEBER, Max. A objetividade do conhecimento nas ciências e na política sociais. *Sobre a teoria das ciências sociais*. Lisboa: Presença, 1974, p. 47-48.

_____. Os três tipos puros de dominação legítima. In: COHN, G. (org.). *Max Weber*: sociologia. São Paulo: Ática, 1979, p. 128-141.

Glossário

Cidadania
Exercício da condição de cidadão protegido pelas leis de um país, expresso nas liberdades individuais, na igualdade de direitos perante a lei e no direito universal à participação na vida pública. Pode-se dizer que a cidadania é o direito a ter direitos.

Ciência tradicional ou ciência clássica
A ciência tradicional é aquela que confere uma ordem científica hegemônica correspondente à vigência do racionalismo cartesiano, na sociedade moderna. Para ela, a gênese social dos problemas, as situações reais, são consideradas exteriores aos fins perseguidos pela ciência em sua aplicação. O conhecimento científico se assenta na formulação de leis gerais, prevalecendo a ideia de ordem e de estabilidade do mundo. A ciência tradicional, de inspiração positivista, separa as ciências naturais das ciências sociais, o homem da natureza, o conhecimento científico do conhecimento vulgar ou senso comum, os aspectos objetivos dos subjetivos no processo de conhecer. Ao conceber o conhecimento científico como sinônimo de verdade, transparece o seu caráter totalitário.

Complexidade
Designa uma forma de pensar e de apreensão ampla da realidade organizadora dos dados, que relaciona o todo e as partes, propõe a não hierarquização dos saberes e a reafirmação da interdependência das múltiplas dimensões da realidade.

Comunidade científica
Consiste no conjunto de pesquisadores que partilham um paradigma da ciência e para ele fazem convergir e dele derivam suas proposições teóricas e explicativas da realidade. As ciências sociais caracterizam, por exemplo, um campo científico no qual os pesquisadores desfrutam de posições hierárquicas diversas, constituindo as comunidades científicas da Sociologia, da Antropologia e da Ciência Política. Diferentes campos de saber implicam uma particularização do espaço social, no qual se manifestam relações de poder presentes na comunidade de cientistas. A disputa entre os agentes tem em vista garantir a legitimidade da ciência, mas o consenso da comunidade não é condição para a existência da ciência, que se faz também pelo dissenso.

Concepção cartesiana, pensamento cartesiano (ver Racionalismo)

Contexto
O contexto diz respeito a um determinado espaço, a um tempo, a uma dada cultura que, em seu conjunto, permite a compreensão de uma realidade histórica. Refere-se à situação em que se passam os acontecimentos. Dizemos que toda informação, imagem e interpretação devem ser contextualizadas, isto é, percebidas e analisadas no seu tempo e espaço, com as características, os valores e as culturas que envolvem o objeto de estudo.

Contradições sociais
Contradição é uma divergência, uma oposição ou tensão existente num fenômeno, como a ação humana, por exemplo. É uma ação que se opõe a outra e torna o curso da ação indeterminado. As contradições são posições que se contrastam e podem se anular mutuamente, provocando uma situação nova. Na tradição marxista, as contradições sociais são estruturais do capitalismo, por constituírem oposições reais (existência dos contrários), históricas e poderem ter aparência mistificadora ou ideológica. Entre as contradições dialéticas do capitalismo, está a clássica distinção na equivalência relativa ao valor – de uso e de troca – que qualquer mercadoria externaliza quando se equiparam mercadoria e dinheiro, trabalho assalariado e capital.

Crise de paradigmas
Um paradigma entra em crise quando não consegue mais explicar a realidade em transformação. A expressão "crise de paradigmas" refere-se à passagem do modelo de racionalidade, próprio da ciência moderna, hegemônico por mais de dois séculos, a um novo período de revolução científica, cujo início pode ser imputado a Einstein e à Mecânica

Quântica. O conhecimento sobre o real promove uma série de avanços questionadores das leis estabelecidas pela ciência tradicional, do conceito de causalidade, da neutralidade e da objetividade científica, da distinção entre senso comum e conhecimento científico, da separação entre objeto de estudo e sujeito de conhecimento, bem como desse sujeito histórico e da ação. Paradigmas científicos coexistem na Sociologia e não se ligam à noção de modelo, mas às proposições partilhadas pelos membros da comunidade científica para explicação da realidade.

Crítica empírica, pesquisa ou investigação empírica, materiais empíricos, observação empírica, realidade empírica, perspectiva empirista (ver Empirismo)

Darwinismo social
É a teoria social ligada ao evolucionismo, que, a exemplo da teoria da seleção natural das espécies de Charles Darwin (1809-1882), considera que os mais aptos sobrevivem ou vencem. Na sociedade como na natureza, por exemplo, seria normal que os mais fortes, mais preparados sobrevivessem e prosperassem, enquanto os mais fracos perecessem ou ficassem pobres. Essa teoria foi uma das que deram margem à exacerbação do racismo e da discriminação por justificar a desigualdade entre os homens como sendo natural, omitindo seu caráter social e assim reforçando a manutenção e a reprodução da desigualdade.

Desigualdades sociais
Agrupados para viver, os homens produzem desigualdades que ultrapassam o plano dos indivíduos e atingem segmentos inteiros da sociedade – os excluídos e as minorias. São mecanismos de manutenção da ordem social, mascarados ou negados pela ideologia que neles não reconhece a injustiça social. Resultam de tensões e movimentos sociais a partir dos indivíduos e grupos que ficam à margem da produção material e do consumo dos bens e direitos da sociedade, ligados à raça, ao gênero, à origem étnica.

Desnaturalização (ver Processo de desnaturalização)

Dialética, metodologia dialética, abordagem dialética, relação dialética, conhecer dialético (ver Perspectiva dialética)

Disciplina
Corresponde a um ramo da instrução, uma área do conhecimento ou do saber, uma ciência ou arte no seu aspecto educacional, com ênfase na reprodução do conhecimento.

Diversidade cultural
É a convivência de grupos sociais que têm culturas diferentes – costumes, hábitos alimentares, crenças religiosas e concepção de mundo distintos – em um mesmo contexto social. As relações sociais entre esses grupos, no interior de uma sociedade determinada, podem

ocorrer de forma mais harmoniosa ou mais conflitante, dependendo do contexto histórico e da experiência concreta que vivem. O Brasil é caracterizado como pluriétnico e pluricultural, porque se compõe de diversas formas de organização social, resultantes das inúmeras comunidades étnicas e grupos sociais que participam da construção da nação. Entre as dificuldades que podem levar à discriminação e ao preconceito sociais em relação a determinada cultura, está a visão etnocêntrica ou a tendência de olhar a própria cultura como a verdadeira, a correta, estranhando o comportamento ou o modo de ser dos outros grupos sociais.

Empirismo
Derivado do grego, empirismo quer dizer dirigido pela experiência, método que busca a origem das ideias na experiência e tem em John Locke (1623-1704) o seu precursor e em David Hume (1711-1776) um pensador da empiria como fruto da combinação das representações. Nas ciências sociais, o empirismo credita à pura observação a capacidade de gerar conhecimento científico, como se o saber passasse pelos sentidos.

Epistemologia
Pode ser considerada a ciência da ciência, a filosofia da ciência. Desvendando o processo e as condições de produção do conhecimento no interior da própria ciência e na especificidade dos diversos campos do saber, a epistemologia indaga as origens da ciência e sua lógica metodológica na abordagem que faz da realidade concreta dos fenômenos.

Fenomenologia
Corrente metodológica que estuda os fenômenos, sua aparência e os fluxos de vida. Foi Alfred Schütz quem introduziu a fenomenologia na Sociologia, procurando estabelecer relações entre os sujeitos, a distância entre o eu e os outros e a intencionalidade da ação na vida cotidiana, cenário do fluxo vital das relações sociais. Com a noção de "mundo da vida", busca-se percebê-la essencialmente sem sobrecarga ideológica.

Funcionalismo
É uma metodologia das ciências sociais, muito influente na primeira metade do século XX, que interpreta cada sistema social como uma totalidade de estruturas culturais e sociais (ritos, costumes, técnicas etc.) interdependentes, ao ponto de cada parte exercer uma função, isto é, atender a uma necessidade orgânica do todo, contribuindo para a sua manutenção, equilíbrio ou desenvolvimento. Comte e Spencer aproximaram o entendimento do funcionamento da sociedade do conhecimento sobre os organismos biológicos.

Globalização
A globalização é um processo cultural que se acentuou a partir da segunda metade do século XX. Compreende processos de internacionalização dos mercados produtivos para além das fronteiras nacionais, constituindo amplas redes de relações interfirmas e integrando os grupos econômicos, as empresas transnacionais e as instituições econômicas aos mercados

financeiros mundiais, mediante o uso de redes globais suportadas pelas tecnologias da informação. Caracteriza-se, ainda, por processos de mundialização e financeirização dos investimentos do sistema produtivo, facilitados pela reestruturação do sistema bancário e pelo crescimento do comércio internacional, visando atender aos mercados consumidores em expansão. Com o aumento da concorrência global, surgem processos de fusões e incorporações de empresas, onde as decisões são internacionalizadas; há o estabelecimento de redes de cooperação entre os países ou blocos regionais de nações, visando expandir os seus mercados e proteger a sua economia. Modificam-se as relações de trabalho, a legislação, os níveis e a estrutura do emprego, o uso da automação, reorganiza-se o trabalho e diversificam-se os investimentos. Esses processos resultam em centralização de poder político e econômico nas mãos de grupos econômicos e empresas, permitindo que as decisões quanto à produção e aos investimentos financeiros ocorram em âmbito mundial, reduzindo o poder de regulação dos Estados nacionais.

Ideologia
Conjunto mais ou menos coerente de crenças sociais e de ideias que influenciam a ação social, legitimando posições de indivíduos e grupos na estrutura social. Fenômeno complexo, a ideologia é apresentada como máscara das verdadeiras intenções sociais, ocultando a realidade desigual por meio de um discurso cheio de meias palavras, mas convincente. Na teoria marxista, a ideologia foi pensada primeiramente como uma falsa consciência da realidade, mas firmou-se a interpretação que une o fenômeno da ideologia às condições de indivíduos e grupos (classes sociais) e sua relação com os meios de produção e os interesses que diferenciam a condição de sua propriedade. Desse modo, a ideologia justifica a dominação de classe e corrobora para a manutenção da ordem social.

Materialismo histórico
O termo foi empregado originalmente por Karl Marx com referência ao dinamismo das relações sociais no processo histórico, a ponto de conceber que na base de cada fenômeno histórico está presente a estrutura das condições materiais de produção da sociedade. O devir material é vivido pelos homens que estabelecem relações para produzir a subsistência (organizam-se socialmente) e agindo sobre a natureza (a matéria) e sobre os próprios homens (relações sociais) determinam as condições materiais das relações entre si: alguns são proprietários dos meios materiais de produção (terra, insumos, máquinas etc.) e outros são proprietários de sua força de trabalho. Essa relação desigual se reproduz ao longo da história da humanidade.

Metanarrativas
Consistem em concepções gerais da história e da sociedade; são as grandes sínteses ou totalidades capazes de explicar as realidades sociais. A Bíblia e o Alcorão são metanarrativas. São também exemplos o marxismo, o feminismo, o Direito e a Filosofia, por se constituírem em explicações que se pretendem universais sobre o mundo. O questionamento das metanarrativas é típico da pós-modernidade, assim como de uma metaciência, que aspira a posição de produtora da verdade.

Modernidade
Costuma-se situar a modernidade como tendo a sua origem a partir do século XVIII, quando ocorrem profundas transformações econômicas, sociais, políticas e culturais. A expressão da modernidade liga-se à ideia do progresso, do controle da natureza pela ciência, assim como à compreensão do mundo, do sujeito, da justiça. A modernidade equivale à ciência objetiva, à neutralidade, à crença no progresso da razão, à construção teórica do positivismo, ao planejamento racional. Está associada à produção em massa, ao consumidor-massa, às metrópoles, ao Estado-nação. Por privilegiar a razão, a era moderna significou a derrubada parcial das crenças e da tradição, com grandes mudanças na consciência social.

Neutralidade axiológica
Termo empregado por Weber, referindo-se à impossibilidade de o cientista, o pesquisador, manter-se neutro diante dos valores sociais, sobretudo aqueles da sociedade na qual está inserido. Daí, propor a relativização dos valores sociais, uma vez que o processo de produção do conhecimento passa necessariamente pela subjetividade do pesquisador, por sua capacidade de escolha, da relação que mantém com os valores significativos de sua época para expressar-se com objetividade, ou seja, um conhecimento fiel e fidedigno ao contexto cultural e histórico que lhe deu origem.

Níveis micro e macrossociais
Os níveis microssociais dizem respeito a tudo o que acontece na sociedade relativo às relações interindividuais, no interior dos pequenos grupos – como exemplo, as relações sociais no âmbito da família (pais e filhos, casal), da empresa (chefe e subordinados, equipes de trabalho). Os níveis macrossociais referem-se às relações sociais, políticas e econômicas que ocorrem no âmbito da sociedade mais ampla – relações interinstitucionais, internacionais, interempresariais, entre outras, em referência ao conjunto de uma dada sociedade ou à sociedade global. Os níveis micro e macrossociais estão inter-relacionados e correspondem: o primeiro, ao foco na ação social e o segundo, na estrutura social, embora a Sociologia contemporânea procure fazer a leitura da totalidade.

Paradigma, princípios paradigmáticos (ver Crise de paradigmas)

Perspectiva dialética
A lógica dialética pressupõe o movimento incessante de mudança, próprio da realidade social, distingue entre a essência e a aparência dos fenômenos, explica-os historicamente e é capaz de fazer a crítica da ideologia dominante. Para a metodologia dialética, o todo é mais que o conjunto das partes e suas relações; reconhece, entretanto, que as partes contêm o todo. No pensamento de Marx, o movimento dialético dos contrários é encontrado na superação de um modo de produção histórico para outro (escravismo, feudalismo, capitalismo, por exemplo), ou mesmo em compreender o antagonismo complementar que se encontra nas relações de classe, na luta por interesses diferentes que disputam a riqueza acumulada no processo produtivo.

Perspectiva positivista, escola positivista, cientificismo positivista, concepção positivista, Sociologia positivista (ver Positivismo)

Posição epistemológica, reflexão epistemológica (ver Epistemologia)

Positivismo
Filosofia originária no século XIX e inspirada nos métodos das ciências naturais, o positivismo propõe transpô-los como critérios para uma ciência da sociedade de caráter moral. A sociedade seria regida por leis naturais e a ciência um instrumento de intervenção do homem na realidade. O positivismo considera a descoberta das leis de funcionamento da natureza como verdades científicas e, ao se deter na observação e experimentação dos fenômenos, privilegia os fatos, toma-os como dados, evidências que devem ser perseguidas e demonstradas. A lógica positivista tenta eliminar a subjetividade e a visão de mundo do investigador, para obter um conhecimento objetivo. O real lido pela ciência, no entanto, não está dado, não penetra os sentidos de forma espontânea; é necessário um esforço de questionamento mental da realidade para apreendê-la.

Pós-modernidade
Trata-se de um conceito amplo e de definição pouco precisa, mas, em geral, a pós-modernidade pode ser situada no contexto das transformações sociais intensas a partir dos anos 1970. É compreendida como o conjunto de desenvolvimentos teóricos que rejeitam as metanarrativas, as teorias totalizantes e proclamam o reino da fragmentação, da indeterminação, da efemeridade, da flexibilidade, da diversidade, da comunicação, da descentralização. Nessa corrente, acredita-se que a revolução da comunicação eletrônica e a mídia de massa inverteram a perspectiva marxista, segundo a qual as forças econômicas moldam a sociedade; ou seja, a vida social na pós-modernidade é influenciada pelas imagens e sinais. Entre seus representantes estão Lyotard e Baudrillard.

Processo de desnaturalização
É o processo pelo qual a Sociologia, na construção de conhecimento específico, a partir das explicações sobre a realidade social, permite desvendá-la, mostrando que fenômenos aparentemente naturais têm caráter social – são historicamente produzidos, têm causas sociais e explicam-se por relações sociais. O processo de desnaturalização passa pelo questionamento, pelo estranhamento dos comportamentos sociais cotidianos, aparentemente normais, aos quais nos acostumamos e que parecem imutáveis ou necessários. A naturalização dos fenômenos sociais ocorre muitas vezes porque aprendemos que assim deveria ou precisaria ser – não presenciamos ou não percebemos como tal fenômeno se constituiu, qual foi sua dinâmica – e não vislumbramos possibilidades de mudança, nem de ser diferente. Cabe à Sociologia a tarefa de desnaturalizar os fenômenos sociais.

Racionalismo
Padrão de procedimento científico que trouxe propostas para conhecer os fenômenos da natureza física e biológica, principalmente por meio de regras de observação da realida-

de, expostas no método experimental de Bacon e na obra de Descartes, com o *Discurso sobre o método* [1637]. Contagiou o pensamento social inspirado em fórmulas de ação, imprimindo-lhe a necessidade do estudo objetivo, regido por regras para a pesquisa. Entre os postulados de conduta do investigador estão: afastar ideias preconcebidas; dividir um problema em partes para melhor conhecê-lo; e deixar-se conduzir pela dúvida metódica para extrair toda a verdade dos fatos.

Reflexividade
Capacidade da ciência de pensar sobre si própria. Reflexividade é a característica de toda ação social e, com a modernidade, está na base da reprodução do sistema social, de modo que o pensamento e a ação estão mutuamente ligados e refletidos sobre si. A vida social moderna expressa a reflexividade sempre que examina as suas práticas e as renova à luz da informação sobre essas mesmas práticas. Essa revisão da convenção faz desmoronar a tradição e, ao mesmo tempo, une a tradição à modernidade, cuja marca assenta-se sobre a razão e a inovação. Mas essa voracidade pelo novo implica a reflexividade indiscriminada, incluindo a reflexão sobre a natureza da própria reflexão, questionando a razão por dentro, duvidando se o ganho de conhecimento é certo. Com a reflexividade, desestabilizou-se a relação entre conhecimento e certeza.

Representações sociais
As representações sociais ou coletivas resultam da combinação e associação de ideias de muitas gerações que cooperam para sua formação com sabedoria e experiência. Ao explicitarem a concepção de mundo dos indivíduos e dos grupos sociais, as representações sociais enriquecem a experiência individual, que as reelabora.

Senso comum
O senso comum são os saberes do cotidiano, resultado das experiências dos homens vivendo em sociedade. São transmitidos e absorvidos pelas gerações sucessivas e marcam comunidades, culturas e nações. São aqueles conhecimentos que organizam o dia a dia das pessoas e, por isso, trata-se de um saber simples, funcional, inteligente e que se rende ao óbvio e ao aparente. É considerado pela ciência tradicional um conhecimento inferior, porque não passou pelos crivos de cientificidade. Atualmente, observa-se um movimento de aproximação entre senso comum e saber científico, por se reconhecer as suas virtudes.

Sociologia crítica
A Sociologia crítica descortina as diversidades, as desigualdades e os antagonismos presentes nos fenômenos sociais, que são lidos por diferentes perspectivas analíticas, capazes de compreender os grupos e classes sociais em sua situação histórica. A Sociologia crítica tem por objeto os homens, como produtores de todas as suas formas históricas de vida em comum. Ela exercita a apreensão de oposições e dialeticamente observa a realidade em seus movimentos contraditórios e paradoxais. Para o pensamento crítico, o conhecimento sociológico configura-se em uma autoconsciência científica da sociedade, assume o caráter de uma técnica racional de consciência e de explicação das condições de existência e do

curso dos eventos histórico-sociais. A Sociologia crítica pressupõe um compromisso prático com intenção transformadora do real, das condições desiguais de sobrevivência social.

Sujeito
A noção de sujeito é permeada de ambiguidades. De um lado, pode se referir ao sujeito enquanto agente de uma determinada ação social, aquele que a pratica, que é responsável por ela, no sentido da "soberania do ator", aquele que toma a frente ou organiza um movimento social, por exemplo. Pode-se dizer, ainda, que "o homem é sujeito da própria história", uma vez que participa da construção da sociedade em que vive, mesmo quando essa participação é limitada ou nula. Por outro lado, a noção de sujeito pode ser aplicada para designar aquele que está sujeito, significando a sujeição do indivíduo a determinados fatores, condições ou a determinados grupos. Quando tratamos da relação entre pesquisador e objeto da pesquisa, referimo-nos à relação "sujeito cognoscente e objeto do conhecimento"; nesse caso, sujeito designa o pesquisador, aquele que participa ativamente da elaboração do conhecimento.

Sustentabilidade
Diz-se de algo ou de algum projeto de caráter social e ambiental, cuja capacidade é de autossustentar-se, no sentido de promover o desenvolvimento de um local, uma região, com base no respeito ao ecossistema.

Teorias explicativas
Teorias são a produção por excelência da ciência, pois são interpretações e explicações sobre a realidade em suas mais complexas manifestações, da realidade física à social, da realidade biológica à psicológica. As teorias explicativas apresentam-se na forma de conceitos inter-relacionados e, mesmo sendo abstrações, são produtos de condições históricas; por isso são válidas para essas condições e dentro dos seus limites.

Valores morais, valores civilizatórios, valores múltiplos (ver Valores sociais)

Valores sociais
São princípios, ideias, condutas e comportamentos constitutivos de uma estrutura social. Por serem objetos de desejo socialmente considerados, estão ligados a questões da moral na sociedade. São históricos e próprios de cada cultura, pois nascem do agir histórico como condições normativas em contínuo conflito, segundo Weber.

Visão de mundo
É a perspectiva cultural específica pela qual os indivíduos percebem e interpretam o mundo à sua volta; normalmente, tem relação com o lugar que ocupam e com as relações que estabelecem com a sociedade. A visão de mundo tem referência ao modo como os sujeitos enxergam a sociedade, a ciência, a realidade.

As autoras

Maria Aparecida Bridi
Socióloga, doutora em Sociologia pela UFPR, especialista em Currículo e Prática Educativa pela Pontifícia Universidade Católica do Rio de Janeiro (PUC-RJ) e pesquisadora do Gets – Grupo de Estudos Trabalho e Sociedade (UFPR). Foi professora na educação básica em instituições públicas e privadas por 21 anos. Organizadora e coautora de obras na área de Sociologia, pela Contexto é uma das coautoras do livro *Sociologia – uma introdução*.

Silvia Maria de Araújo
Socióloga, doutora em Ciências da Comunicação pela Universidade de São Paulo (USP) e pós-doutora em Sociologia do Trabalho pela Universidade de Milão, é professora sênior do Programa de Pós-Graduação em Sociologia da Universidade Federal do Paraná (UFPR). Autora e organizadora de livros em Sociologia do Trabalho e Sindicalismo, ganhou em 2001, como coautora, o prêmio Jabuti na categoria Livro Didático. Pela Contexto, é uma das coautoras do livro *Sociologia – uma introdução*.

Benilde Lenzi Motim
Socióloga e doutora em História pela UFPR, é professora do Programa de Pós-Graduação em Sociologia e do Departamento de Ciências Sociais da mesma universidade, onde atua também como coordenadora do Projeto Licenciar de Ciências Sociais e do Gets – Grupo de Estudos Trabalho e Sociedade. Avaliadora do Sinaes/Inep-MEC, é autora de capítulos de livros e artigos de Sociologia do Trabalho. Pela Contexto, é uma das coautoras do livro *Sociologia – uma introdução*.

LEIA MAIS

50 SOCIÓLOGOS FUNDAMENTAIS
John Scott

A Sociologia - ciência nascida no século XIX como resposta aos desafios da modernidade - procura compreender e explicar as estruturas da sociedade. Elaborado de forma didática, este livro trata da vida, obra, idéias e impacto de alguns dos mais importantes sociólogos da nossa história, como Auguste Comte, Émile Durkheim, Karl Marx, Theodor Adorno, Max Weber e Frédéric Le Play. A obra conta ainda com uma rica indicação de livros e artigos, estimulando e facilitando estudos mais aprofundados sobre o assunto. 50 sociólogos fundamentais é um guia abrangente e indispensável para sociólogos, historiadores, psicólogos, administradores e demais interessados nas ciências da sociedade.

Cadastre-se no site da Contexto
e fique por dentro dos nossos lançamentos e eventos.
www.editoracontexto.com.br

Formação de Professores | Educação
História | Ciências Humanas
Língua Portuguesa | Linguística
Geografia
Comunicação
Turismo
Economia
Geral

Faça parte de nossa rede.
www.editoracontexto.com.br/redes

Promovendo a Circulação do Saber